FRANCISCO FAUS

CRISTO, MINHA ESPERANÇA

2ª edição

QUADRANTE

São Paulo
2023

Copyright © 2023 Quadrante Editora

Capa
Provazi Design

Dados Internacionais de Catalogação na Publicação (CIP)

Faus, Francisco
Cristo, minha esperança / Francisco Faus — 2ª ed. — São Paulo: Quadrante, 2023.

ISBN: 978-85-7465-502-4

1. Páscoa - Meditações 2. Quaresma - Meditações I. Título II. Título: Reflexões para o Tempo da Páscoa

CDD-242.36

Índice para catálogo sistemático:
1. Páscoa : Meditações : Cristianismo 242.36
2. Tempo Pascal : Meditações : Cristianismo 242.36

Todos os direitos reservados a
QUADRANTE EDITORA
Rua Bernardo da Veiga, 47 - Tel.: 3873-2270
CEP 01252-020 - São Paulo - SP
www.quadrante.com.br / atendimento@quadrante.com.br

SUMÁRIO

INTRODUÇÃO: QUANDO OS SORRISOS
 SE REÚNEM 5

PRIMEIRO SERÃO: MARIA MADALENA ... 13

SEGUNDO SERÃO: OS DISCÍPULOS DE
 EMAÚS 29

TERCEIRO SERÃO: OS APÓSTOLOS
 NO CENÁCULO 45

QUARTO SERÃO: TOMÉ 59

QUINTO SERÃO: ÚLTIMA PESCA 75

SEXTO SERÃO: PEDRO 91

SÉTIMO SERÃO: JESUS, PEDRO E JOÃO .. 107

OITAVO SERÃO: PAULO, O ÚLTIMO DE TODOS.. 121

NONO SERÃO: A VIRGEM MARIA.............. 139

INTRODUÇÃO: QUANDO OS SORRISOS SE REÚNEM

— *Dize, dize-nos, Maria* [Madalena], *que viste no caminho?*

— *Vi o sepulcro de Cristo que está vivo, e a sua glória de ressuscitado; vi as testemunhas angélicas, o sudário e as vestes.* Cristo ressuscitou, *minha esperança!...*

(Sequência da Missa do Domingo de Páscoa)

Alguns dos leitores que acabam de abrir este livro já têm ideia de que os Sorrisos — isto é, os Corações Sorridentes — gostam de reunir-se no Natal (coisa lógica, porque o Natal é o Sorriso de Deus que vem até os homens), e até já fizeram, juntamente com esses Sorrisos, a sua reflexão natalina[1].

---

(1) Ver Francisco Faus, *Natal: reunião dos sorrisos*. Novena de Natal, Ed. Quadrante, 2001.

É bom saber, contudo, que é sobretudo na Páscoa que os Sorrisos chegam ao auge de sua alegria e desejam reunir-se para partilhá-la. "Feliz Páscoa!" — dizem, uns aos outros, esses corações cheios de fé. "Feliz Páscoa!" — respondem todos, com sorrisos radiantes. Mas não pense que o seu cumprimento, como às vezes o nosso, é mera formalidade, uma saudação superficial.

Eles sabem muito bem o que aconteceu na Páscoa, no dia da Ressurreição de Nosso Senhor Jesus Cristo. Sabem melhor do que ninguém que, na Páscoa, todos os Sorrisos alegres (porque há sorrisos amargos, céticos e depreciativos) ganharam a imortalidade, e os corações de onde eles brotaram já nada têm a temer. O próprio Jesus assim prometeu na Última Ceia, e assim cumpriu: *Voltarei a vós e ninguém vos tirará a vossa alegria*.

Na manhã da Páscoa, Jesus levantou-se vivo do sepulcro, depois de ter expiado os nossos pecados com o Sacrifício da Cruz. Ergueu-se — Deus e Homem verdadeiro — como Vencedor definitivo do mal, do demônio, da dor e da morte. E quis entregar-nos a sua vitória, para que fosse nossa. *Ressuscitastes com Cristo!* — escreve São Paulo no auge da alegria. Isso quer dizer que tudo mudou! Agora tudo pode ser vitória, porque — no dia da Páscoa — com Jesus ressuscitado, nos foi dada a esperança.

* * *

Esta reunião dos Corações Sorridentes foi pensada para o tempo pascal (os cinquenta dias que vão do Domingo da Ressurreição ao Domingo de Pentecostes), e tem como finalidade ajudar-nos a meditar, a partir da forma clássica dos "diálogos" — diálogos entre alguns Corações Sorridentes —, sobre a Páscoa e a esperança.

Os Corações Sorridentes estão tão contentes que querem saborear devagar — como se saboreia um velho vinho do Porto — as cenas da Ressurreição de Cristo nas quais se vê, com o encanto de quem contempla uma magnífica alvorada, a esperança a nascer nos corações dos discípulos de Jesus, aqueles homens e mulheres que a tinham perdido no entardecer da Sexta-

-Feira Santa. Querem ver nascer a esperança no coração angustiado de Madalena, no coração desiludido dos discípulos de Emaús, nos corações amedrontados, abalados e desnorteados de todos os Apóstolos, no coração cético de Tomé, no coração humilhado de Pedro pecador, no coração exasperado e violento de Paulo... E vão saborear essas cenas reunidos calmamente, em várias noitadas, como os antigos *serões*, aqueles que aparecem em quase todos os contos e romances de Machado de Assis e que algum dicionário ainda define assim: "Reunião familiar, à noite, em que algumas pessoas fazem serviços leves e outras conversam ou discutem algum assunto".

Cada meditação — cada um dos serões de que consta esta obra — tem a forma de um *diálogo* entre quatro Corações Sorridentes que, para simplificar, chamaremos de *Moderador, Leitor pensativo, Leitor feliz* e *Leitor compassivo*.

A referência a esses leitores dá a entender que os serões foram pensados de modo a propiciar, aos que assim desejarem, meditações feitas em comum (em grupos de oração, reuniões de casais, encontros etc.), pelo sistema do *teatro lido*. Os participantes, neste caso, assumem o papel de um ou vários dos quatro interlocutores de cada serão, e cada um lê o seu texto em voz alta. Se o número de participantes for inferior ou superior a quatro, aquele que assumir o papel de Moderador poderá atribuir dois papéis a um só leitor ou dividir o *script* entre mais de quatro pessoas. Também podem resolver, de comum acordo, utilizar apenas alguns desses serões, e deixar os restantes para outras ocasiões.

Convirá, porém, que esses leitores, como participantes ativos dos serões, façam breves pausas e acrescentem, espontaneamente, as suas próprias considerações. Afinal, são mais um no diálogo da noitada! E nada impede, se a conversa estiver muito animada, que cada serão seja dividido — de comum acordo — em duas, três ou mais sessões, pois o número nove, nesta obra, não é limitativo, corresponde apenas ao número de passagens evangélicas escolhidas para meditar...

E no caso de acontecer que alguém não possa, ou não queira, meditar em grupo e prefira ler e refletir sozinho? Poderá fazê--lo tranquilamente e com o mesmo proveito. Para escrever estas páginas, o cuidado principal foi prever que cada uma das reflexões pudesse oferecer ideias e sugestões apropriadas também para a meditação pessoal, a sós com Deus. E a forma dialogada não dificultar essa intenção, uma vez que, desde o tempo dos antigos gregos — e mesmo antes deles —, até aos nossos dias, esse tem sido um recurso literário e pedagógico amplamente utilizado para ajudar na reflexão individual (de crianças, jovens e anciãos) sobre questões filosóficas, morais, políticas ou religiosas. Se este recurso é adequado, cabe ao leitor julgar. Se não, peço desculpas desde já.

O importante é que as considerações espirituais oferecidas aos leitores — quer as pronunciem em voz alta, quer não — possam ajudá-los a descobrir, junto de Cristo e dos amigos de Cristo, por que às vezes perdem a esperança, por que são tão frágeis as suas alegrias e como poderiam chegar a possuir, unidos a Cristo, uma esperança cristã *cheia de imortalidade*.

Talvez seja interessante advertir, ainda, que estas meditações foram especialmente pensadas para adultos, uma vez que os adultos e idosos costumam precisar mais da esperança do que os adolescentes. A idade madura já carrega um fardo de passado em que, ao lado de belas alegrias e de recordações inesquecíveis, pesam também as desilusões, os desenganos e os fracassos... Em todo o caso, é muito frequente hoje que também os adolescentes e jovens conheçam desde cedo o sabor amargo da decepção, do vazio e do desencanto — corrijo o que disse e afirmo que *todos*, de *todas as idades*, temos necessidade da esperança, e que estas páginas gostariam de ajudar os que as lerem a compreender que Jesus ressuscitado lhes diz, como a Nicodemos, que podem *nascer de novo*, que podem *tornar-se como crianças* e acender uns olhos redondos e brilhantes, alumiados pelo fulgor da esperança.

Com isto, basta de palavras introdutórias; passemos aos serões pascais, pedindo antes, com São Paulo, *que o Deus da esperança vos encha de toda a alegria e de toda a paz na vossa fé, para que, pela virtude do Espírito Santo, transbordeis de esperança* (Rm 15, 13).

PRIMEIRO SERÃO: MARIA MADALENA

(João, 20, 1-18)

Do vazio à esperança

MODERADOR — Quando o Domingo de Páscoa começava a clarear, um grande silêncio envolvia o descampado onde se encontrava o túmulo de Jesus. Só duas coisas poderiam chamar a atenção de um passante solitário: uma grande pedra circular que servira para fechar verticalmente a entrada do sepulcro fora rolada e estava posta a um lado; perto da entrada escancarada, uma mulher, em pé, soluçava baixinho, com um leve estremecer de ombros, de modo que os primeiros raios de sol faziam cintilar as lágrimas que lhe escorriam pela face. Era Maria Madalena. A aparição de Jesus a Santa Maria Madalena é a primeira que contam os Evangelhos. Por isso, neste nosso primeiro serão, vamos contemplá-la com calma, ao mesmo tempo em que pedimos a Deus a graça de tirar desta meditação uma primeira lição de esperança. Vejamos o que nos dizem os Santos Evangelhos.

LEITOR COMPASSIVO — *Entretanto* — escreve São João —, *Maria conservava-se do lado de fora, perto do sepulcro, e chorava.* Era a segunda vez, naquele amanhecer de domingo, que Maria ia até ao sepulcro de Jesus, incansável em seu empenho por prestar uma última homenagem a Nosso Senhor. Ajudada por outras santas mulheres, queria ungir-lhe o corpo — que na Sexta-Feira Santa só puderam ungir às pressas e de modo incompleto — *com os aromas que haviam preparado.*

LEITOR PENSATIVO — O que aconteceu foi o seguinte: primeiro, Maria Madalena chegou ao túmulo com *Maria, mãe de Tiago e Salomé*, suas amigas. Estas últimas fugiram, *trêmulas e amedrontadas*, ao verem que o sepulcro estava vazio. Maria, porém, foi correndo à procura de Pedro e João, para contar-lhes, quase sem fôlego: *Tiraram o Senhor do sepulcro, e não sabemos onde o puseram.* Espanto geral! Os dois Apóstolos saem em disparada e ela vai atrás. Quando chegam ao túmulo, entram e ficam perplexos ao ver que, além de estar vazio, os panos que tinham envolvido o cadáver de Jesus permaneciam intactos, com o mesmo formato de quando envolviam o corpo de Cristo, mas agora aplanados, como se o corpo do Senhor os tivesse atravessado, esvaziando-os sem nem mesmo tocá-los; e que o sudário que lhe cobrira a cabeça estava cuidadosamente enrolado, também intacto, a um lado. Pedro e João, emocionados e perplexos, sentiram as pernas tremer e o coração rebentar, e voltaram correndo ao Cenáculo para avisar os outros.

Maria, porém, não arredou pé. Não queria ir embora. Queria encontrar Jesus, queria honrá-lo com carinho, mesmo que fosse apenas um pobre cadáver dilacerado. Por isso estacou ali, imóvel, e ali nós a contemplamos chorando.

Leitor compassivo — As suas lágrimas eram a expressão do seu amor...

Leitor feliz — São Gregório Magno, o grande Papa do século sexto, tem um comentário muito bonito a esse respeito: "E nós temos que pensar — diz ele — na força tão grande do amor que inflamava a alma daquela mulher, que não se afastava do sepulcro do Senhor, mesmo quando os Apóstolos dele já voltavam. Buscava a quem não encontrava; chorava procurando-o e, consumindo-se no fogo do seu amor, ardia no desejo de encontrar aquele que imaginava roubado. E assim aconteceu que só ela o viu, a única que ficou procurando... Começou a buscar e não o encontrou; perseverou no seu querer, e achou-o; de tal forma cresceram os seus desejos, e tanto se dilataram, que acabaram alcançando o que buscavam".

Moderador — Acho que a vida de Maria Madalena poderia ser definida assim: o Amor com maiúscula, ou seja, o Amor de Deus, procurou-a e salvou-a; ela correspondeu a esse Amor e não se cansou, por sua vez, de procurá-lo, de modo que toda a sua vida foi uma busca ardente e um aprofundamento nesse Amor, assim como a vida de muitos grandes santos... Mas tem havido tantas confusões, tantas mentiras e interpretações esquisitas sobre o amor de Maria Madalena, que vale a pena lembrar a sua verdadeira história. Poderia fazer um resumo, Leitor pensativo?

LEITOR PENSATIVO — Com prazer, pois vale a pena, tendo em conta que a confusão na maior boa-fé, aliás dura há séculos. Para começar, é muito importante lembrar quem *não era* Maria Madalena. Os melhores comentaristas do Evangelho, já desde os tempos de Santo Agostinho, alertam-nos para que não a confundamos com outras duas mulheres do Evangelho. Uma é aquela pecadora pública que certa vez banhou os pés de Jesus com lágrimas de arrependimento e os ungiu com bálsamo; e a outra é Maria de Betânia, a irmã menor — pura e singela de Marta e Lázaro, que também derramou perfume sobre a cabeça e os pés de Jesus pouco antes da Paixão num gesto de fina cortesia, muito oriental.

MODERADOR — Além disso, acho interessante frisar que o Evangelho nunca disse que Maria Madalena fosse uma prostituta ou que tivesse uma vida leviana. Afirma, aliás, algo muito pior. Diz que, *dela, Jesus tinha expulsado sete demônios*. Isto é muito sério. Bem sabemos que o número sete — na linguagem bíblica — significa *muitos*, uma multidão. Pois é isso que dela nos dizem São Marcos e São Lucas.

LEITOR COMPASSIVO — O que é algo terrível. Causa arrepios. Só podemos compreender isso se tivermos consciência de que o demônio — como ensina a Bíblia — é, acima de tudo, o *pai da mentira*, do orgulho e do ódio. Como deve ter sido espantosa a vida dessa pobre mulher! Um poço de ódio, de raiva, de desconfiança, de mentira, de rancor... Pode haver sofrimento maior? Um verdadeiro inferno! Uma mulher incapaz de amar, incapaz de alegrar-se, incapaz de vibrar com a verdade, de admirar a beleza e de saborear o bem; incapaz de perdoar, incapaz de sorrir com carinho para os outros!

LEITOR PENSATIVO — Você falou certo. Um coração afastado de Deus e entregue ao diabo — ao pecado — é como um poço escuro e fundo. Nele não pode penetrar um raio de luz divina. A pessoa chega a tornar-se incapaz de acreditar que o amor, a beleza e a bondade existam. Só conhece as trevas em que se afunda... Faz-me lembrar aquele personagem estarrecedor do famoso romance *O Coração das trevas*, de Joseph Conrad, que morre dizendo: "O horror! O horror!"...

MODERADOR — Será que, de certa maneira, você não acaba de pintar — com traços ampliados — o retrato da tristeza que hoje habita muitos corações? Corações eternamente insatisfeitos. Pessoas que podem cantar, gritar, possuir, experimentar, dançar, agitar-se, embriagar-se de álcool, sexo, drogas e emoções radicais, mas que por dentro estão sombriamente vazias. Vivem instaladas no "coração das trevas"... E, mesmo sem o saberem, procuram, procuram.... Percebem que lhes falta o essencial, algo que passaram a vida buscando sem encontrar. Sentem-se como alguém que se esfalfou tentando apanhar a água da fonte com uma escumadeira... Atormenta-as, então, uma ânsia de infinito que as queima por dentro, mas que nenhum tesouro, nenhuma loucura, e nenhum prazer do mundo conseguem satisfazer... Diria que estão torturadas por uma esperança distorcida, por um infinito desejo de felicidade, que corre expectante atrás do vazio... É lógico que essa esperança distorcida termine no desespero. O fundo do fundo da vida delas é a ausência..., é o vazio..., e morrem sem saber por quê...

Leitor feliz — É claro como o sol que sofrem da ausência de Deus! Essas pessoas — como Madalena antes de encontrar Jesus — não sabem que o seu mísero coração está gritando aquelas palavras de um poema de Tagore: "Tenho necessidade de Ti, só de Ti! Deixa que o meu coração o repita sem cansar-se. Os outros desejos que dia e noite me envolvem, no fundo, são falsos e vazios. Assim como a noite esconde em sua escuridão a súplica da luz, na escuridão da minha inconsciência ressoa este grito: «Tenho necessidade de Ti, só de

Ti!». Assim como a tempestade está procurando a paz, mesmo quando golpeia a paz com toda a sua força, assim a minha revolta bate contra o teu amor e grita: «Tenho necessidade só de Ti!»".

LEITOR PENSATIVO — Assim estava Maria Madalena, quando um belo dia — de surpresa — Jesus foi buscá-la. Não conhecemos os detalhes. Só sabemos que Jesus teve compaixão dela, e dela *expulsou sete demônios*, como recordávamos acima. Agora eu os convido a pensar. Já imaginaram o que deve ter sentido aquela alma ao encontrar-se livre do Maligno e inundada pelo dom da graça, conduzida por Jesus à descoberta deslumbrante de Deus? Que deve ter sentido quando experimentou — quiçá pela primeira vez na vida — a pureza e a grandeza do Amor (pois *Deus é Amor...*)?

LEITOR COMPASSIVO — Imagino Maria como uma mulher que, de repente, "respira", absorve Deus até o fundo da alma, como uma aragem do Céu que a cria de novo; uma mulher que, pela primeira vez, se dá conta de como é bela a criação, todas

21

as criaturas, transfiguradas pela presença do Salvador. Vejo o seu coração como uma brasa incandescente — deixem-me poetizar! —, inflamada pelo amor que se derrama do Céu sobre o mundo através do Coração de Jesus.

LEITOR FELIZ — É natural que, a partir do dia em que o antigo coração das trevas foi inundado pela fé, pela esperança e pelo amor, começasse a seguir Jesus e a servi-lo com uma dedicação abnegada e total, como conta o Evangelho, junto outras santas mulheres. Seguir Cristo tornou-se, a partir daquele momento, a razão — toda a razão — da sua existência. Servir Jesus passou a ser para ela um puro amor, que cumulava de plenitude e sentido o seu pensar, sonhar e viver.

LEITOR PENSATIVO — Por isso, quando a avalanche de brutalidades da Paixão, o ódio implacável dos inimigos, desabou sobre Cristo e o reduziu a um cadáver ensanguentado na Cruz, Maria Madalena — grudada à Mãe do Salvador — agarrou-se à Cruz como quem se agarra à vida. Viver sem Jesus era, para ela — como para todos os corações que encontraram Cristo de verdade —, a vertigem de um vazio de morte. Essa é a Madalena que hoje vemos chorar junto do sepulcro do Senhor. Essa a razão de que só pense em buscar *o meu Senhor*...

MODERADOR — E assim aconteceu que...

LEITOR PENSATIVO — Aconteceu, sim, algo comovente..., e que faz aflorar o sorriso aos lábios. Recordemos o Evangelho: *Chorando, inclinou-se para olhar dentro do sepulcro. Viu dois anjos vestidos de branco... Eles perguntaram-lhe: "Mulher, por que choras?" Ela respondeu: "Porque levaram o meu Senhor, e não sei onde o puseram".*

LEITOR FELIZ — Vocês veem? Madalena é toda "procura". Encarnava aquelas palavras de Isaías: *A minha alma desejou-te, meu Deus, durante a noite e, dentro de mim, o meu espírito procurava-te.* Assim buscava Jesus...

LEITOR PENSATIVO — O Evangelho continua, e agora vem o melhor: *Ditas estas palavras, voltou-se para trás e viu Jesus em pé, mas não o reconheceu. Perguntou-lhe Jesus: "Mulher, por que choras? Quem procuras?".*

Leitor feliz — Eu vibro ao ver Jesus indo ao encontro daquela pobre criatura, como o pai que desfruta por dentro ao pensar na surpresa maravilhosa que preparou para o filho. Ao longo destes serões, vamos ver constantemente algo muito sugestivo, e que se pode exprimir assim: depois da ressurreição, Jesus é mais humano ainda, se possível, do que quando andava com os seus pelos caminhos da Galileia e da Judeia... Torna-se mais próximo, afetuoso, acessível... E — atentem para isso! — aparece com uma nova carga de alegria: diverte-se alegrando os seus amigos com atitudes cheias de "bom humor", de um divino e delicioso bom humor.

Leitor pensativo — Como a que agora presenciaremos. *Quem procuras?* — pergunta Jesus a Madalena —, e ela, *supondo que fosse o jardineiro, respondeu: "Senhor, se tu o tiraste, dize-me onde o puseste, e eu o irei buscar"*. Jesus não quer prolongar mais a aflição, e manifesta-se abertamente: *Disse-lhe Jesus: "Maria!"* O Evangelho aqui balbucia, só sabe repetir a exclamação que saiu daquela Maria estremecida de gozo, com os olhos arregalados e o coração prestes a explodir: *Voltando-se ela, exclamou em hebraico: "Rabôni!", que quer dizer "Mestre!"*... Nesse exato momento, Jesus a olha com ternura e a "nomeia" sua primeira mensageira da alegria da Páscoa: *Não me retenhas...Vai aos meus irmãos e dize-lhes: Subo para meu Pai e vosso Pai, meu Deus e vosso Deus. Maria Madalena correu* (nesse dia, realmente, não parou de correr...) *para anunciar aos discípulos que tinha visto o Senhor e contou o que Ele lhe tinha falado.*

Moderador — Agora, para Madalena, a vida voltava a ser Vida, com maiúscula. O futuro era radiante: o reencontro com Jesus encheu de novo o vazio da alma com a luz cálida e inextinguível da esperança. E eu diria: "Pensemos em nossos vazios. Será que a lição de Madalena não nos diz nada?" Todo o vazio, toda a amargura, é uma *ausência*, a ausência de Deus. Pode ser a terrível ausência provocada pelo pecado, pelos *sete demônios,* mas pode ser também a ausência de uma alma boa que perde Deus de vista, fica morna na fé, e acha então inexplicáveis muitas tristezas que a atormentam e que têm uma perfeita explicação: são a ausência do "amor" de Deus na alma, são a frieza de quem tem Jesus ao lado (sempre está ao nosso lado, sempre nos procura, como fez com Madalena) e não o enxerga, são a amargura esquizofrênica de quem se queixa de Deus, justamente na hora em que Deus mais ajuda... Como Madalena, que pensava que Jesus (aquele Jesus que não reconheceu) lhe tinha roubado Jesus... Não acontece algo semelhante conosco?

LEITOR PENSATIVO — Sim, diante de muitas dificuldades, lutas ou cruzes que Deus nos envia para o nosso bem, pensamos tolamente que Deus nos abandonou ou se afastou de nós. Que retirou a sua mão e não nos ajuda com a sua graça. E é quando está mais próximo.

Moderador — Acho que hoje podemos terminar o nosso serão com este pensamento, para guardar bem guardado e ruminar bem ruminado: "Toda tristeza, toda amargura, toda revolta, no fundo, é uma *ausência* de Deus (maligna ou benigna, mas nunca boa)". Por isso, decidamo-nos procurar Deus, procurar Jesus com toda a nossa alma, como Madalena: com a mesma determinação com que ela o procurou. "Onde está?" — diremos a nós mesmos, e responderemos com a decisão de aumentar o nosso aprofundamento na fé, a nossa leitura e meditação do Evangelho e das riquezas da doutrina cristã... E, se nos perguntarmos: "Como encontrá-lo?", devemos responder: "Como Madalena, que busca, pergunta, procura e não se cansa até achar", ou seja, como Jesus nos ensinou: rezando, pedindo, orando sem cessar, pois a sua promessa não falha: *Eu vos digo: Pedi e dar-se-vos-á; buscai e achareis; batei e vos abrirão.*

SEGUNDO SERÃO: OS DISCÍPULOS DE EMAÚS

(Lucas 24, 13-35)

Da decepção à esperança

MODERADOR — Hoje vamos contemplar dois homens decepcionados: os discípulos de Emaús. Aparecem voltando para casa, na tarde do próprio domingo de Páscoa. *Nesse mesmo dia* — diz o Evangelho de são Lucas —, *dois discípulos caminhavam para uma aldeia, chamada Emaús, distante de Jerusalém sessenta estádios* [cerca de doze quilômetros]. *Iam falando um com o outro sobre tudo o que se tinha passado.* E o que *se tinha passado* era, nada mais nada menos, a Paixão e a morte de Jesus, a "derrota" estrondosa de Cristo às mãos dos seus inimigos, a rejeição de Jesus por parte das mesmas multidões que cinco dias antes, no domingo de Ramos, o haviam aclamado entusiasmadas. Podemos imaginar, por isso, qual era o seu ânimo. Cabisbaixos, deprimidos, desnorteados, conversavam como quem não consegue acreditar ser possível aquele afundamento dos seus sonhos.

LEITOR FELIZ — São Josemaria Escrivá oferece uma descrição simples e comovente da aparição de Jesus ressuscitado a esses dois discípulos: "Caminhavam aqueles dois discípulos em direção a Emaús. Andavam a passo normal, como tantos outros que transitavam por aquelas paragens. E ali, com naturalidade, aparece-lhes Jesus e caminha com eles, numa conversa que diminui a fadiga. Imagino a cena, bem ao cair da tarde. Sopra uma brisa suave. Em redor, campos semeados de trigo já crescido, e as oliveiras velhas, com os ramos prateados à luz tíbia". Com essa descrição, logo nos sentimos metidos no ambiente, participando "como mais um personagem"...

Leitor pensativo — E o Evangelho diz que Jesus começou a caminhar junto dos dois, *mas* — comenta São Lucas — *os olhos deles estavam como vendados e não o reconheceram. Perguntou-lhes então: "De que vínheis falando pelo caminho, e por que estais tristes?"...* O diálogo que iniciou vale uma reflexão. Primeiro, como pessoas desiludidas e frustradas, os discípulos responderam com mau humor, num tom ríspido: *Um deles, chamado Cléofas, respondeu-lhe: "És tu acaso o único forasteiro em Jerusalém que não sabe o que nela aconteceu estes dias?"...* É como se dissesse, meio admirado e meio irritado: "Todo o mundo sabe. Onde é que você vive? Só você está por fora?".

Leitor feliz — Que ironia! Dirigem-se com aspereza a Jesus, acusando a sua ignorância a respeito da tragédia do próprio Jesus! Tudo isso chegaria a ser cômico, se não fosse dramático. Mas nosso Senhor, como em todas as cenas da ressurreição, mostra-se especialmente afável e bem-humorado com eles. E até divertido. Fazendo-se de ingênuo, pergunta-lhes

"Que foi? Que houve?..." Desta forma, quer ajudá-los a abrir o coração, como, aliás, deseja fazer conosco sempre que nos vê desanimados ou tristes: "Eu estou aqui — diz-nos —. Fala comigo".

Leitor pensativo — E eles abriram o coração mesmo. Despejaram o vinagre da sua decepção. Falaram ao caminhante desconhecido sobre um tal Jesus de Nazaré, *profeta poderoso em obras e palavras diante de Deus e de todo o povo,* comentando os acontecimentos trágicos da quinta e da sexta-feira santas, e contaram-lhe como tinha acabado morrendo na Cruz. Depois, confessaram a sua tremenda frustração: *Nós esperávamos que fosse ele quem havia de restaurar Israel, e agora, além de tudo isso, já é o terceiro dia que estas coisas aconteceram.*

Leitor compassivo — Esse, exatamente esse, era o mal que lhes corroía a alma: *Nós esperávamos.* Tinham colocado toda a sua esperança no Senhor. Tinham apostado nele. Por isso o haviam seguido, por isso tinham abandonado os seus planos pessoais, o aconchego do lar..., tudo, jogando a vida numa só carta, numa só esperança: a de que Jesus fosse o poderoso Rei-Messias anunciado pelos Profetas, que triunfaria sobre todos os inimigos e se assentaria no trono do reino de Israel, restabelecendo-o para sempre. Ninguém lhes tinha contado ainda que, na Paixão, Jesus declarara inequivocamente a Pilatos: *O meu Reino não é deste mundo...*

LEITOR PENSATIVO — Porém, eles, quase com certeza, já lhe tinham ouvido dizer: *O Reino de Deus está dentro de vós...* E também tinham escutado muitas das *parábolas do Reino*, que falavam, por meio de belos símbolos, de um Reino de graça, de paz e de amor que cresce nos corações, nas famílias, nas sociedades, como o trigo que germina de noite e de dia; como o grão de mostarda que é pequenino e se torna árvore alta; como o fermento invisível que a mulher põe na massa de farinha e acaba fermentando-a toda... Ou como um pai que perdoa o filho fugitivo, e um pastor que procura a ovelha perdida e que é, ao mesmo tempo, o Rei-Deus que nos convida a participar do seu banquete de amor eterno...

MODERADOR — Poderíamos definir o engano dos discípulos de Emaús — igual ao de muitos dos atuais discípulos de Cristo — como "um erro de esperança". Foi esse o seu erro. Tinham esperança, mas era uma "esperança errada", e não a virtude cristã da esperança. Consequentemente, estavam fadados à decepção e ao fracasso, como quem aponta uma flecha para o alvo equivocado ou dirige um veículo fora da estrada, que, quanto mais rápido avança, mais perto está do desastre... Assim são muitas mulheres e muitos homens de hoje. O seu mal é a visão deturpada da esperança: esperam o que não devem, e esperam mal. Os exemplos são inúmeros...

LEITOR COMPASSIVO — Infelizmente, são incontáveis: falsas esperanças amorosas, falsas esperanças profissionais, falsas esperanças de glória e triunfo, falsa confiança nas riquezas....

LEITOR PENSATIVO — Na realidade, o problema é simples. Espera mal quem espera qualquer coisa diferente da Vontade de Deus, qualquer coisa — por grande e empolgante que seja — que esteja fora dos planos que Deus preparou para ele. Então, acontece a essas pessoas o que Jesus dizia aos fariseus: *Frustraram o desígnio de Deus a seu respeito*. A vida deles foi um plano divino frustrado, que Deus não pode reconhecer como seu, e tem que lhes dizer: *Não vos conheço*, como Jesus dizia às virgens néscias.

MODERADOR — Reparemos bem. As pessoas *não* ficam frustradas "principalmente" por não terem alcançado os seus desejos, os seus sonhos. Talvez as piores frustrações sejam as dos que os alcançaram ("Já estou na faculdade, já tenho emprego, já me casei") e depois percebem que nada disso os preenche, não lhes traz felicidade. As pessoas ficam frustradas "principalmente" porque — sem dar-se conta disso — não atingem o ideal para o qual foram criadas por Deus, ou seja, porque não foram fiéis à sua vocação de santidade, e por isso — desculpem a expressão rude — a vida delas, em vez de ser desenvolvimento e maturidade de um filho de Deus, foi um aborto. Fora do que Deus espera de nós, tudo é aborto!

LEITOR COMPASSIVO — É triste, mas realmente é assim! Pensemos nos casamentos fracassados. A maioria deles afundou-se porque marido e mulher "esperaram mal". O que é que a maioria dos noivos esperam, quando decidem casar-se?

LEITOR FELIZ — Ser felizes!

LEITOR COMPASSIVO — Certo, mas felizes como? Muitos deles só pensam em "receber" do outro muito carinho, paciência, compreensão, todo o aconchego para se "sentirem bem" realizando os próprios sonhos, gostos e caprichos, os seus prazeres, e até as suas manias... Poucos pensam em *dar e dar-se* generosamente para o bem do outro e dos filhos, em construir uma família com abnegação generosa e desprendimento alegre de si mesmos, felizes por fazer felizes os demais. Mas chega a hora da verdade, aparecem as dificuldades inevitáveis...

LEITOR PENSATIVO — E então não compreendem que essas dificuldades são *apelos para se entregarem mais, para amarem mais, para dialogarem mais*, e não para más caras, resmungos e gritos; que é a hora da compreensão, e não a da imposição; que é a hora de escutar com humildade, e não de "ter razão"... Infelizmente, não entendem nada disso. E, então, tudo vai por água abaixo. Não foram ao casamento preparados para o verdadeiro amor, mas para "consumir" satisfações (como "consomem" outros caprichos e prazeres da vida). É natural que acabem dizendo, como os discípulos de Emaús: "Nós esperávamos outra coisa"...

LEITOR FELIZ — A vida não é uma laranja para chupar e cuspir! Os outros não são cana de açúcar para tirar o caldo e jogar fora o bagaço! Deus não é um "seguro protetor de egoísmos", e os outros não são "bens desfrutáveis"! Viver e ser feliz é coisa infinitamente maior do que "usufruir"!

MODERADOR — Erro de esperança, dizíamos. Sim. A verdadeira esperança, para falar em síntese, é a de alcançar Deus aqui na terra — no modo de viver todas as coisas da terra — e eternamente no Céu. Tudo o que conduz a isso é bom. Tudo o que afasta disso é mau. Tudo o que conduz a isso acaba em felicidade — já na terra —, e tudo o que afasta disso acaba em tristeza, em frustração e — Deus não o permita — em tormento eterno. É muito bonito o que diz o Catecismo da Igreja Católica sobre a esperança: "A esperança é a virtude teologal pela qual desejamos como nossa felicidade o Reino dos Céus e a vida eterna, pondo a nossa confiança nas promessas de Cristo e apoiando-nos não em nossas forças próprias, mas no socorro da graça do Espírito Santo... A virtude da esperança responde à aspiração de felicidade colocada por Deus no coração de todos os homens; assume as esperanças que inspiram as atividades dos homens; purifica-as para ordená-las ao Reino dos Céus; protege contra o desânimo; dá alento em todo o esmorecimento; dilata o coração, na expectativa da bem-aventurança eterna. O impulso da esperança preserva do egoísmo e conduz à felicidade do amor". É um texto fantástico, que daria para meditar durante horas e horas... Mas já nos afastamos tanto dos discípulos de Emaús! Precisamos voltar a eles. O que fez Cristo quando eles "confessaram" a sua falsa esperança?

LEITOR PENSATIVO — Aí, sim, Jesus ficou sério e falou sem meias-palavras. Começou por dizer-lhes algo que também nós, muitas vezes, precisaríamos ouvir: *"Ó gente insensata e lenta de coração para acreditar em tudo o que anunciaram os profetas! Porventura não era necessário que Cristo sofresse estas coisas e assim entrasse na sua glória?" E começando por Moisés, percorrendo todos os profetas, explicava-lhes o que dele se achava dito em todas as Escrituras.* Ou seja, Jesus desvendou-lhes lucidamente o plano de Deus sobre a salvação do mundo, por meio do máximo ato de Amor, que foi a entrega de Cristo na Cruz para a redenção dos nossos pecados.

LEITOR COMPASSIVO — Deus — Jesus, Deus e homem verdadeiro — atingiu os limites máximos do Amor ao dar-se na Cruz por nós sem se poupar em nada, e com esse amor gratuito, ilimitado e fantástico, purificou e compensou todos os desamores — os pecados — dos homens, derramou a graça do Espírito Santo, que é Amor substancial e fonte de alegria e de paz para as almas, e abriu de par em par as portas da felicidade eterna no Céu. Quer dizer que o que Cléofas e o companheiro lamentavam como uma desgraça (a Paixão e morte de Cristo), era, na realidade, a maior maravilha de toda a história da humanidade, o maior bem de todos os tempos, o maior motivo de alegria de todos os séculos! *Insensatos!*, sim, os que não veem isso e vão atrás de sombras e aparências mais falsas que o diabo!

MODERADOR — Jesus ia falando pelo caminho, e os corações iam mudando. Um calor novo os invadia, uma faísca de esperança se acendia. *Aproximaram-se da aldeia para onde iam, e Jesus fez como se quisesse passar adiante. Mas eles forçaram-no a parar: "Fica conosco, já é tarde e o dia declina".*

LEITOR FELIZ — Que oração bonita para fazermos, quando começarmos a sentir a proximidade de Jesus: *"Fica conosco! Não nos deixes, queremos estar contigo, queremos ter-te como amigo, queremos abrir-te a alma. Fica!"* E, além do mais, bem percebemos que já é tarde, que a vida passa, que a vida acaba, sim, *já é tarde e o dia declina.* Olha, Senhor, que gastamos boa parte deste "dia" que é a vida entre falsas esperanças e verdadeiras frustrações. Precisamos de Ti. Por favor, fica, que só em Ti se acha a esperança....

MODERADOR — Então, *entrou com eles, e aconteceu que, estando sentados à mesa, ele tomou o pão, abençoou-o, partiu-o e serviu-lho. Então se lhes abriram os olhos e o reconheceram..., mas Ele desapareceu. Diziam então um ao outro: "Não é verdade que o nosso coração ardia dentro de nós enquanto ele nos falava pelo caminho e nos explicava as Escrituras?"...*

LEITOR COMPASSIVO — Que maravilha! Que modelo para nós! Como dizia São Josemaria Escrivá: "Caminho de Emaús, caminho da vida"... Quando nos entristecer a falta de sentido de tantas coisas, e, sobretudo, quando nos acabrunharem as decepções que parecem amontoar-se e afogar a esperança, façamos como os discípulos de Emaús:

Primeiro, abramos a alma a Deus (às vezes, a melhor maneira de abri-la é fazer uma confissão muito sincera).

Depois, escutemos as suas palavras, meditemos a Sagrada Escritura — e especialmente os Evangelhos — com calma, com carinho, permitindo que a Palavra de Deus penetre na alma como a chuva na terra. Elas nos mostrarão que o que nos parece ruim muitas vezes é bom, que a Cruz — que julgamos ser uma porta que se fecha para nós e nos deixa num beco sem saída — na realidade é uma porta que se abre, para que entremos num mundo melhor, de mais amor, de mais bondade, de mais pureza, de mais virtude.

Em terceiro lugar, acolhamos Jesus em casa, na casa da nossa alma, recebendo-o sempre na Eucaristia, na Comunhão, que é a união mais íntima com Deus que a criatura humana pode ter nesta terra: Jesus em nós, Jesus alimento nosso, Jesus sangue do nosso sangue e vida da nossa vida!

Por fim, a alegria. O coração desanimado, que estiolava e murchava, agora *arde dentro de nós* e inflama-nos com uma nova esperança. Vemos um novo sentido para a vida, iluminado pela fé e o amor de Cristo, e temos necessidade de correr ao encontro dos outros, para contagiá-los com a nossa esperança, como fizeram os discípulos de Emaús depois que Jesus os deixou.

MODERADOR — Talvez já tenham lido as palavras com que Monsenhor Escrivá começava uma homilia sobre a esperança. Seja como for, vale a pena lê-las de novo, no final deste serão: "Há já bastantes anos, com a força de uma convicção que crescia de dia para dia, escrevi: *Espera tudo de Jesus; tu nada tens, nada vales, nada podes. Ele agirá, se nele te abandonares.* Passou o tempo, e essa minha convicção tornou-se ainda mais vigorosa, mais funda. Tenho visto, em muitas vidas, que a esperança em Deus acende maravilhosas fogueiras de amor, com um fogo que mantém palpitante o coração, sem desânimos, sem decaimentos, embora ao longo do caminho se sofra, e às vezes se sofra deveras". Isto é o que aconteceu com os discípulos de Emaús. Com o coração inflamado pela esperança, desfazem o caminho dos desertores, voltam a reunir-se com os Apóstolos e as santas mulheres no Cenáculo e participam da alegria que — ainda no meio de sombras e hesitações — começa a alastrar-se entre eles e que anuncia, mesmo que muitos ainda não o percebam e estejam dominados pelo temor, um futuro de esperança pelos séculos dos séculos, até o fim do mundo: *"O Senhor ressuscitou verdadeiramente!..."* Esta é a grande verdade! A esperança cristã acabava de nascer com a ressurreição de Cristo, e não morreria nunca mais.

TERCEIRO SERÃO: OS APÓSTOLOS NO CENÁCULO

(Lucas 24, 36-49 e João 20, 19-23)

Do medo à esperança

MODERADOR — Na última reunião, deixávamos os discípulos de Emaús já reunidos com os Apóstolos e as santas mulheres no Cenáculo, comentando o encontro com Cristo que acabavam de ter. Os Apóstolos (todos, menos Judas, já morto, e Tomé, que andava ausente), e mais alguns discípulos — mulheres e homens —, acolheram-nos agitados, alegres e, paradoxalmente, ainda perplexos. Já eram vários os que falavam que Cristo vivia — *Ressuscitou, diziam, e apareceu a Simão!* —; já se lhes ia acendendo no coração, como uma chama vacilante, a esperança, mas o sentimento dominante da maioria ainda era o *medo*. E é sobre esse medo que vamos meditar no nosso terceiro serão. Pode nos trazer boas luzes, a nós, que também conhecemos esta chama vacilante que oscila entre o medo e a esperança. Poderíamos relembrar o que diz o Evangelho?

Leitor pensativo — São João, falando desse fim de tarde do Domingo da Páscoa, começa por dizer que, *ao anoitecer do mesmo dia, que era o primeiro da semana, os discípulos tinham fechado as portas do lugar onde se achavam, por medo dos judeus*. Esta é a primeira coisa que diz, para nos situar no ambiente: estavam trancados no Cenáculo, naquele *quarto de cima* onde Jesus instituíra a Eucaristia, porque *tinham medo*: temiam, e com razão, que os mesmos que tinham acabado com Jesus quisessem acabar com eles, seus discípulos.

Leitor compassivo — Quem não teria medo de sofrer, de ser preso, torturado e morto?

Leitor pensativo — É natural. Nós sentiríamos a mesma coisa. Mas penso que, por mais que compreendamos e desculpemos os discípulos, não devemos esquecer que esse medo surgiu e cresceu sobre um "vácuo de esperança" que não deveria ter existido, e que desagradou a Deus. Se não fosse assim, Jesus teria sido injusto ao recriminar, primeiro aos de Emaús e depois a todos eles, o fato de terem sido obtusos e lentos em crer no que Ele próprio lhes dissera pelo menos três vezes, bem claramente: que *era necessário que o Filho do Homem padecesse muitas coisas... Era necessário que fosse levado à morte e que ressuscitasse ao terceiro dia.* E a mesma coisa haviam anunciado os antigos Profetas. Com isto quero dizer que, nas raízes desse medo, havia certa culpa, certa falta contra a esperança. (Esclareço que digo isto só para que, depois, possamos tirar mais proveito ao meditar a cena; não para censurar os Apóstolos. Nós teríamos falhado cem vezes pior!)

Moderador — Continuemos com a cena evangélica, pois há bastante coisa para meditar...

LEITOR PENSATIVO — São Lucas diz que, enquanto os de Emaús ainda falavam — com as portas bem trancadas —, *Jesus apresentou-se no meio deles e disse-lhes: "A paz esteja convosco!". Perturbados e atemorizados* [vejam, o *medo* continua], *pensaram estar vendo um espírito* [tão longe estavam de ter certeza da Ressurreição]. *Mas Ele disse-lhes: "Por que estais perturbados e por que surgem tais dúvidas nos vossos corações?"*...

LEITOR COMPASSIVO — Os pobres Apóstolos ficaram atordoados pela surpresa de ver Jesus no meio deles... Era algo tão fantástico que lhes parecia impossível, e tremiam de medo de que não fosse verdade, e de que os seus sonhos voltassem a cair pelo chão, despedaçados, como acontecera nas horas trágicas da Paixão...

MODERADOR — Por isso, Jesus, cheio de carinho e compaixão por aquelas crianças grandes, meio perdidas, deu-lhes provas "arrasadoras" de qualquer dúvida, para que vissem que tudo era verdade e explodissem de felicidade (e nós, cheios de fé, também)... *"Por que surgem — disse-lhes — tais dúvidas nos vossos corações? Vede as minhas mãos e os meus pés: sou Eu mesmo. Apalpai e vede, que um espírito não tem carne nem ossos, como verificais que Eu tenho".* Dizendo isto, mostrou-lhes as mãos e os pés.

Leitor feliz — E eles, vendo-o, tiveram uma reação tão humana! Foi como a da mãe, que recupera o filho que julgava perdido, e, de tão feliz, nem consegue acreditar que aquilo seja verdade; custa-lhe crer que possa haver neste mundo uma alegria tão grande! Diz o Evangelho: *E, como, na sua alegria, não queriam acreditar, de tão assombrados que estavam, Ele perguntou-lhes: "Tendes aí alguma coisa que se coma?" Então, ofereceram-lhe um pedaço de peixe assado; e, tomando-o, comeu diante deles.* Não acham esta cena fantástica? Cristo, glorioso, comendo um pedaço de peixe assado! (Alguém deveria dedicar um poema a este peixe). Não há aqui uma ponta daquele humor maravilhoso de que falávamos nos dias anteriores? Até parece que vemos Jesus sorrir, com "malícia" divina, enquanto apanha o peixe, morde-o dos dois lados, e deixa a espinha no prato. Como Jesus é humano! E como é divino, na grandeza do seu Amor!

MODERADOR — E como é bom este momento para aprofundarmos ainda mais no tema de hoje: *o medo e a esperança*. Vocês sabem, com certeza, que Jesus falou várias vezes aos Apóstolos sobre o medo. Vamos lembrar-nos de algumas dessas passagens...

LEITOR PENSATIVO — Penso que a mais interessante é aquela em que Jesus deu aos Apóstolos uma lição claríssima, para que aprendessem a "temer" direito, a temer bem, coisa que não é nada fácil. Porque se pode ter *um medo bom ou um medo mau*, um medo certo ou um medo errado. Essa lição, deu-a Jesus certa vez em que estava falando da Providência de Deus nosso Pai. Explicou-lhes, então, com carinho: *Digo-vos a vós, meus amigos: não tenhais medo daqueles que matam o corpo e depois disso nada mais podem fazer. Eu vos mostrarei a quem deveis temer: temei aquele que, depois de matar, tem o poder de lançar no inferno; sim, eu vo-lo digo: temei a este.*

LEITOR COMPASSIVO — E, a seguir, os tranquilizou, dando-lhes a certeza de que podiam esperar tudo da bondade de Deus, de tal modo que a esperança vencesse sempre o temor: *Não se vendem cinco pardais por dois vinténs? E, entretanto, nem um só deles passa despercebido diante de Deus. Até os cabelos da vossa cabeça estão todos contados. Não temais, pois. Vós valeis mais do que muitos pássaros.*

LEITOR PENSATIVO — É importante não perder de vista os "dois medos" de que fala Jesus. Há uma coisa comum a todos os medos: o receio de perder algo que amamos. São Tomás de Aquino, com muita acuidade, diz que "todo o temor nasce do amor". E Santo Agostinho, mais poético, diz que o medo é "o amor em fuga" (o amor que quer fugir daquilo que lhe pode roubar o seu bem, ou seja, aquilo que ama). Assim, quem ama o dinheiro e acha que é o maior *bem* da sua vida, tem pavor de perder o dinheiro. Quem ama muito a esposa ou o marido e os filhos — seu maior *bem* na terra —, treme de medo de perdê-los. E quem ama a Deus sobre todas as coisas

teme mais do que tudo perdê-lo eternamente (é o chamado *santo temor de Deus*).

LEITOR FELIZ — Os nossos medos, então,
são como que a sombra dos nossos amo-
res. Se eu descubro o que é que mais temo
perder, perceberei o que mais amo na vida.
Isto faz-me lembrar aquele encantador
braço de ferro entre São Luís, rei da França, e o chefe do seu exército, Joinville, se-
nescal da Champagne, contado por este último na sua biografia sobre o santo rei. São
Luís disse certa vez a Joinville que preferia
cem vezes mais ficar leproso a cometer um
só pecado mortal. Joinville, muito franco e
desbocado, retrucou dizendo que preferia
cometer cem pecados mortais a ficar leproso. São Luís ficou tão aflito que não con-
seguiu dormir. No dia seguinte, chamou
Joinville e, calmamente, lhe fez ver que a
lepra acaba quando morre o corpo, mas
que o pecado mortal pode acompanhar a
alma no inferno por toda a eternidade.

MODERADOR — É neste sentido que Jesus nos diz que não temamos o que nos
pode fazer perder os *bens efêmeros*, e, pelo

contrário, temamos o que nos pode fazer perder os *bens eternos*.

LEITOR PENSATIVO — Normalmente, fazemos o contrário. Horroriza-nos perder a saúde corporal, mas não nos horroriza perder a saúde espiritual (o pecado mortal, que preocupava São Luís da França). Os pais, com frequência, fazem como Joinville; pensam que, para o filho, é mil vezes pior o risco de não entrar na faculdade do que o risco de não entrar no Céu. Por isso, acham importantíssimo que estudem horas e horas, mas não ligam se os filhos não dedicam a Deus sequer a hora semanal da Missa, e não se confessam nem uma vez por ano.

MODERADOR — E, no entanto, os bens efêmeros sempre nos deixam o coração angustiado, porque, mesmo quando parecem mais seguros, inquieta-nos o medo de perde-los. Todos são bens que mudam ou podem mudar (por exemplo, a fortuna ou a amizade), que morrem ou podem morrer (amigos, parentes, nós mesmos), que enganam ou podem enganar (qualquer ser humano, pecador como nós, pode nos iludir), que frustram ou podem frustrar (como muito sonhos conquistados que depois nos decepcionam)... É loucura pôr neles *todas as esperanças* da vida!

LEITOR FELIZ — A doença, o desemprego, a falência, a perseguição, a morte..., todas as "contrariedades" e "desgraças" podem roubar-nos esses bens. Mas ninguém — a não ser nós mesmos — pode roubar-nos os bens eternos, se procuramos viver no amor de Deus. *Quem nos separará do amor de Cristo?* — dizia São Paulo, num santo desafio. — *A tribulação? A perseguição? A fome? A nudez? O perigo? A espada? [...] Mas, em todas essas coisas somos mais que vencedores pela virtude daquele que nos amou.* E conclui dizendo que não existe poder nem força nos céus, na terra e nos abismos que nos possa *separar do amor de Deus em Cristo Jesus Senhor nosso.* Só o nosso pecado! É um grande cântico à esperança! Foi o que entoaram os mártires, espoliados e desenganados de tudo na terra, mas que caminhavam para a morte cantando, com a esperança de receberem o abraço eterno de Deus.

MODERADOR — É maravilhoso. Mas vamos pensar um pouco mais, e veremos que tudo é mais fantástico ainda do que consideramos até agora. Vejamos: quais são os *bens eternos*?

LEITOR PENSATIVO — A rigor, a vida eterna, o Céu, que é a visão e a posse amorosa de Deus — supremo Bem e soma de todos os bens — para sempre. São também as coisas que nos santificam e nos encaminham para o Céu, como as virtudes, a oração, as Confissões e Comunhões bem-feitas, os sacrifícios e penitências oferecidos a Deus com devoção e amor.... Mas...

MODERADOR — Gostei desse "mas", porque há mesmo um "mas"... Continue, por favor.

LEITOR PENSATIVO — Mas, se ficássemos só nisso, não entenderíamos bem o que Cristo nos ensinou. Acho muito esclarecedoras as seguintes palavras de Jesus: *Não ajunteis para vós tesouros na terra, onde a ferrugem e a traça corroem, onde os ladrões furam e roubam. Ajuntai para vós tesouros no Céu, onde nem a traça nem a ferrugem os consomem, e os ladrões não furtam nem roubam.* Cristo fala-nos de ir *juntando*, ao longo da vida, muitos *tesouros* no Céu, que jamais nos serão roubados, que não serão *efêmeros*, mas *eternos*. E quais são esses *tesouros*? Todos os nossos pensamentos, palavras, ações, iniciativas, empreendimentos, trabalhos, divertimentos, conversas, alegrias etc., que — praticados em estado de graça — estiverem de acordo com a vontade de Deus, forem marcados pela retidão e, sobretudo, pelo amor a Deus e ao próximo. Lembram-se do *copo d'água*?

LEITOR FELIZ — Sim, aquilo que Jesus dizia: *Todo aquele que der ainda que seja somente um copo de água fresca a um destes pequeninos, por ser meu discípulo, em verdade vos digo, não perderá a sua recompensa.* Quer dizer que tudo o que for bom e reto, tudo o que não for egoísta, por pequeno que seja, se é vivido com amor (a Deus e aos nossos irmãos) passa a ser um bem eterno, que a morte não poderá levar. Jesus frisa especialmente as boas obras, as obras de misericórdia feitas em favor dos necessitados: *Tive fome e me destes de comer, tive sede e me destes de beber [...] Todas as vezes que o fizestes a um destes meus irmãos mais pequeninos, a mim o fizestes.* É bonito viver assim, agindo retamente, com coração grande, e tornando eterno pelo amor tudo o que fazemos!

LEITOR PENSATIVO — É mesmo. Pensemos bem: se vivêssemos assim, que medo poderíamos ter? Eu acho inevitável termos o *medo psicológico instintivo* (pura reação emocional) que nos acomete diante de um perigo, um assalto, uma doença grave, uma incerteza... Mas o cristão pode superar tudo isso graças à virtude da esperança, coisa que o pagão não pode fazer. Pode superar, porque a esperança cristã (virtude teologal) nos garante, com absoluta certeza, duas coisas. Primeira: que Deus é tão bom que *faz concorrer tudo para o bem daqueles que o amam*, absolutamente tudo. Segunda: que, se lhe formos fiéis, o sorriso de Cristo estará nos aguardando, por assim dizer, junto à porta escancarada da casa do Pai, para nos oferecer uma felicidade indestrutível, eterna, no Amor sem fundo e sem fim. *Eu vou preparar-vos um lugar... Quero que, onde estou, estejais vós comigo... Vinde, benditos de meu Pai, tomai posse do Reino que vos está preparado desde a criação do mundo.*

LEITOR FELIZ — Aconteça o que acontecer, pois, se tivermos fé, esperança e amor (ou seja, se formos cristãos), perceberemos que Jesus está sempre ao nosso lado e sempre nos diz: *A paz esteja convosco; sou Eu, não tenhais medo.*

MODERADOR — Creio que pouco mais podemos acrescentar. Agradeçamos a Cristo que nos conquistou, com a sua Ressurreição, a vitória sobre o medo, que substituiu o medo pela esperança, essa belíssima virtude, que é o perfume e o incentivo da alma dos que ainda caminhamos na terra rumo à Casa do Pai.

QUARTO SERÃO: TOMÉ

(João, 20, 24-29)

Do pessimismo à esperança

MODERADOR — Neste quarto serão, vamos focalizar uma figura que costuma ser apresentada como símbolo do ceticismo: a do Apóstolo Tomé. Já existe até uma frase feita: "Ver para crer, como Tomé". E, no entanto, considero Tomé um dos personagens mais comoventes do Evangelho. Parece-me que, na opinião comum — que pouco sabe dele —, Tomé é um injustiçado. Por isso vale a pena, primeiro, ver como era mesmo Tomé. Que o Evangelho nos diz dele?

LEITOR PENSATIVO — Para começar, sabemos uma coisa certa: ele foi um dos idealistas que, *deixando todas as coisas*, seguiram Jesus. Portanto, confiava em Jesus, acreditava nele — senão, não teria largado tudo e apostado nele —; além disso, tinha-lhe amor (ninguém se entrega nas mãos de uma pessoa que lhe é indiferente), e era generoso.

Leitor compassivo — O que não é pouca coisa. Lógico que era humano, e tinha fraquezas como todos os Apóstolos, como todos nós. Mas, antes da Paixão de Jesus, o Evangelho nos mostra nele mais fortaleza do que fraqueza. Refiro-me àqueles momentos críticos — pouco antes da Paixão — em que Jesus já era perseguido de morte em Jerusalém e teve de retirar-se para além do Jordão, juntamente com os Apóstolos, porque ainda *não tinha chegado a sua hora*. O que lá aconteceu é tocante...

Leitor pensativo — Certamente. Foi lá, na outra margem do rio Jordão, que Jesus recebeu o recado de Marta e Maria, pedindo-lhe que fosse de novo a Jerusalém (a Betânia, pertíssimo de Jerusalém), porque seu irmão Lázaro estava muito doente: *Senhor, aquele que amas está enfermo*. Jesus, no entanto, deixou-se ficar ali ainda dois dias. Mas, de repente, disse: *Voltemos para a Judeia*. Isso assustou os discípulos: *Mestre* — disseram —, *há pouco os judeus te queriam apedrejar, e voltas para lá?* Jesus não ligou, e disse-lhes abertamente que Lázaro já tinha morrido, *mas* — acrescentou — *vamos a ele*. Todos ficaram gelados, pensando que aquilo era pôr-se na boca do lobo...

LEITOR FELIZ — Todos, menos um! Tomé! Só ele, cheio de coragem, foi capaz de dizer aos seus condiscípulos: *Vamos também nós, e morramos com Ele!*

LEITOR COMPASSIVO — Que bonito! Está disposto a morrer com Jesus, por Jesus. Como vemos, não há nada de covardia, nem dúvidas, nem vacilações.

MODERADOR — E ainda há outro traço do caráter de Tomé que o Evangelho põe em evidência... Tomé era um homem que gostava da objetividade, porque era sincero. Não era daqueles que são "objetivos" só para pôr dificuldades, tirar o corpo e dizer que não dá. Ele gostava da objetividade para entender melhor as coisas e, assim, poder agir melhor e resolver melhor os assuntos. Isso não diminuía em nada a fé que tinha em Jesus. Tomé *unia a fé ao realismo*, um binômio excelente em si mesmo, mas que pode desequilibrar-se, e então se torna perigoso (como veremos). Isso fica bem claro na Última Ceia, não é verdade?

LEITOR PENSATIVO — Fica mesmo. Como não nos lembrarmos daquele momento da Última Ceia, que nos conta São João, em que Jesus estava a despedir-se e consolava com infinita ternura os discípulos, dizendo-lhes: *Não se perturbe o vosso coração. Na casa de meu Pai há muitas moradas...; vou preparar-vos um lugar. Depois de ir e vos preparar um lugar, voltarei e tomar-vos-ei comigo... E vós conheceis o caminho para onde eu vou.* Aí interveio Tomé, com uma franqueza um pouco brusca, mas cheia de confiança em Jesus: *Disse-lhe Tomé: "Senhor, não sabemos para onde vais. Como podemos saber o caminho"?* Jesus não levou a mal essa pergunta, nem a achou indelicada. Ao contrário, valeu-se dela para dizer umas palavras que ficarão para sempre gravadas no coração do cristão: *Jesus respondeu-lhe: "Eu sou o caminho, a verdade e a vida; ninguém vai ao Pai senão por mim".*

MODERADOR — Muito bem. Agora já temos uma breve radiografia espiritual de Tomé. Vamos tentar meditar o que aconteceu com ele quando Jesus ressuscitou.

LEITOR PENSATIVO — Em primeiro lugar, na tarde do domingo de Páscoa, em que Jesus apareceu aos Apóstolos no Cenáculo, *Tomé* — diz o Evangelho — *não estava com eles*. Ou seja, não viu Jesus. Provavelmente, chegou bem mais tarde, naquela noite, ou então só voltou à casa no dia seguinte. Podemos imaginar que chegou ao Cenáculo triste, com olheiras de pouco dormir e o ricto amargo na boca de muito sofrer. Pois bem, mal acabava de subir a escada até o segundo andar, quando os outros que lá estavam se lhe atiraram em cima, agitadíssimos, dizendo: *Vimos o Senhor!*

LEITOR COMPASSIVO — Pobre Tomé! Aquela enxurrada de entusiasmo, totalmente inesperada, caiu-lhe como um golpe de malho na cabeça. Deixou-o atordoado. Eu o imagino de olhos arregalados, assustado com a estranha euforia dos outros, balbuciando: "Estão loucos! Vocês perderam o juízo?" E o bom Tomé, o sofrido Tomé, o franco Tomé, de repente embirrou. A sua tendência para o realismo e a objetividade espanou, extrapolou em casmurrice e desequilibrou-se. *Mas ele replicou-lhes: "Se não vir nas suas mãos o sinal dos pregos, e não puser o meu dedo no lugar dos pregos, e não introduzir a minha mão no seu lado, não acreditarei*"! Pronto, coitado! Emburrou, e não havia modo de fazê-lo sair dessa.

Leitor feliz — Eu acho que o seu carinho por Jesus era tão grande, que não aguentava sequer pensar na possibilidade de que houvesse um engano. Não tinha coragem para deixar que a sua esperança subisse a mil por hora como um foguete, na crença de que Jesus vivia, para depois cair vertiginosamente e espatifar-se no chão, na decepção. E se tudo não passasse de histeria dos amigos? A alegria dá medo! Temos tanto receio de embarcar numa alegria que depois nos possa decepcionar!

Por isso, quando desejamos muito, muito mesmo, uma coisa que nos promete enorme alegria, temos a tendência instintiva de começar a pensar nas coisas negativas que poderão acontecer: vai surgir um imprevisto, vai falhar na última hora, não vai dar certo, vai agourar...

MODERADOR — Concordo que era explicável, muito compreensível a atitude fechada de Tomé. Mas, como veremos logo, Jesus teve de corrigi-lo, o que significa que nele houve uma falha, um erro, com o qual temos de aprender.

LEITOR PENSATIVO — Sim, parece-me claro que houve uma falha de fé e de esperança.

Tomé quis ser tão realista — para se garantir —, que só ficou vendo o que tinha debaixo dos pés e na ponta do nariz. Isto é o que acontece com todos os que se chamam a si mesmos "realistas", gente de "pé no chão", "experientes" e "conhecedores da vida"..., e se esquecem de que a coisa mais "realista" que há no mundo é a presença viva de Deus, o seu poder e a sua ação amorosa... muitas vezes inesperada e desconcertante.

Leitor feliz — É interessante observar que todos os pessimistas chamam-se a si mesmos realistas e desprezam os "sonhadores" (assim chamam aos que vivem da fé), como se fossem ingênuos ou bobos. Felizmente, nós cremos no *Deus da esperança*, e por isso somos necessariamente otimistas.

Moderador — Jesus quer que vivamos uma vida realista, mas contando com o "fator" mais real de todos, que é Ele e a força assombrosa do seu amor e da sua fidelidade às suas promessas. Assim o expressa, de maneira maravilhosa, a Carta aos Hebreus: *A fé é o fundamento das coisas que se esperam, é uma certeza a respeito do que não se vê. Foi ela que fez a glória dos nossos antepassados.* A falta desta fé no amor e nas promessas de Deus traz consigo a falta da esperança que a fé deveria gerar. Este foi o motivo da "bronca" afetuosa que Jesus deu em Tomé. E deu-a com razão, pois Tomé não soube pôr toda a sua fé nas promessas anteriores de Cristo — *voltarei a vós...., ao terceiro dia o Filho do homem ressuscitará...;* e não deu crédito ao testemunho dos outros Apóstolos que, por ser unânime, merecia confiança. Vejamos, então, a divina "bronca"...

Leitor pensativo — *Oito dias depois* (da aparição aos Apóstolos no Cenáculo), *estavam os seus discípulos outra vez no mesmo lugar e Tomé com eles. Estando trancadas as portas, veio Jesus, pôs-se no meio deles e disse: "A paz esteja convosco"...*

Leitor compassivo — Imagino a cara de espanto do nosso Tomé... E o seu coração quase quebrando as costelas, de tanto pular, quando Jesus se dirigiu pessoalmente a ele.

Leitor pensativo — Assim o conta o Evangelho: *Depois, Jesus disse a Tomé: "Introduz aqui o teu dedo, e vê as minhas mãos. Põe a tua mão no meu lado, e não sejas incrédulo, mas homem de fé"!* E, apanhando a mão de Tomé, fez como estava dizendo.

LEITOR FELIZ — A reação de Tomé, caindo em lágrimas aos pés de Jesus, foi esplêndida: *Respondeu-lhe Tomé: "Meu Senhor e meu Deus!"* Ele, que tinha duvidado, acabou fazendo o maior ato de fé até então pronunciado por qualquer dos Apóstolos: um ato de fé absolutamente explícito, luminoso, na *divindade de Cristo*: *Meu Deus!* E Jesus encerrou a questão, pensando em nós, em vocês, em mim, em todos: *Creste porque me viste. Felizes aqueles que creem sem terem visto!*

MODERADOR — Sim, é mesmo uma lição que Cristo dirige a todos nós, especialmente neste tempo da Páscoa. É como se nos perguntasse: "Você crê mesmo em mim?" "Você, por crer em mim, sabe esperar nas coisas que *não se veem*, que só se *preveem* com a fé? Sabe esperar nas coisas que Deus quer, mas que os 'realistas' chamam 'impossíveis'? Vale a pena lembrar o que escreve São Paulo: *Porque pela esperança é que fomos salvos. Ora, ver o objeto da esperança já não é esperança; porque, o que alguém vê, como é que ainda o espera?*

Leitor feliz — É bonito! Deus "desafia-nos" — por assim dizer — a viver de esperança, a saber esperar do seu amor coisas grandes que não vemos, coisas que nos parecem impossíveis, mas que Ele nos quer dar. Mesmo diante das maiores dificuldades, todos podemos dizer com São João: *Nós conhecemos o amor de Deus, e acreditamos nele.*

Moderador — O "realismo" cristão é feito de fé, de audácia e de magnanimidade. Eu daria esta definição: *o nosso realismo é a esperança*. Aí está o segredo do otimismo do cristão.

Leitor feliz — Sim, senhor! Temos que apontar alto! Apontar para coisas grandes, "boas", como é lógico (não para grandes ambições ruins, egoístas ou vaidosas), e confiar plenamente em Deus. A mulher de fé, o homem de fé, confia sobretudo em dois pilares fortíssimos sobre os quais se apoia a esperança: a *obediência a Deus* (fazer o que sabemos que Deus nos pede), e *a oração* (pedir com a fé com que um filho pede a um pai de cujo amor não duvida).

Apoiada na obediência e na oração, a nossa esperança está seguríssima.

Moderador — Há alguns exemplos, no Evangelho, que ilustram isto muito bem. Meu caro Leitor pensativo, faça funcionar a memória e lembre-nos alguns deles.

Leitor pensativo — Vou tentar, com todo o prazer. Creio que poderíamos evocar, por exemplo, a primeira pesca milagrosa. Pedro, juntamente com André, Tiago e João, tinham passado uma noite inteira no mar da Galileia tentando pescar, e não tinham conseguido apanhar nada. De manhã, Jesus chega-se a eles, entra na barca, fala longamente do Reino de Deus ao povo que o escuta na praia, e depois, sem mais nem menos, manda a Pedro: *Entra mar adentro, e lançai as vossas redes para pescar.* Pedro fica perplexo, pois é pescador e "sabe" que não dá. É "realista", e por isso diz: *Mestre, trabalhamos a noite inteira,* no melhor horário para a pesca, *e nada apanhamos.* Mas, ao mesmo tempo, *tem fé* em Jesus, e por isso acrescenta: *Mas por causa da tua palavra, lançarei a rede.* Põe *fé* na palavra de Jesus, *obedece* e...

que aconteceu? Aconteceu o *realismo da esperança*, que ultrapassa as nossas expectativas: *Apanharam peixes em tanta quantidade, que a rede se lhes rompia*.

LEITOR COMPASSIVO — Na hora, Pedro caiu aos pés de Jesus, abraçou-lhe os joelhos e disse: *Retira-te de mim, Senhor, porque sou um homem pecador!* Com toda a humildade, reconheceu que fora Deus quem fizera o prodígio, e que Ele só colaborara crendo e obedecendo. "Nós — diz uma escritora — esperamos não por sermos bons, mas porque Deus é bom". A razão da esperança, como já ensina o pequeno Catecismo (esse que todos deveríamos saber de cor), é o poder de Deus unido à sua misericórdia.

LEITOR PENSATIVO — Lembro-me agora de outra passagem do Evangelho, em que se vê essa misericórdia de Deus Todo-poderoso, agindo ao lado da pequenez humana. É a cena da primeira multiplicação dos pães e dos peixes. Eu tenho um "fraco" por aquele menino que colaborou com o milagre. Mais de cinco mil pessoas estavam certa vez em um lugar afastado, ouvindo Jesus. Passou o tempo e sentiram fome. Percebendo isso, o Senhor disse aos Apóstolos que lhes dessem de comer. Mas como poderiam fazê-lo? Não havia nem pão nem dinheiro para comprá-lo. De repente, André apareceu trazendo pela mão um garoto que estava, ao mesmo tempo, feliz e meio encabulado: "Eu posso dar — assim deve ter falado o menino a André — cinco pães de cevada e dois peixes". Ao vê--lo, Jesus sorriu, pegou os pães e os peixinhos, e deu a entender a todos que tudo estava resolvido. Mandou sentarem-se todos na relva, pediu aos Apóstolos que repartissem os cinco pães e os dois peixes e... comeram todos à vontade e ainda sobraram doze cestos! Um milagre apoiado num "impossível", numa oferenda pequena, mas cheia de amor, de generosidade...

Leitor feliz — É fantástico! Que mensagem bonita! Cristo — com esse milagre — diz-nos: "Não desanime se acha que não tem meios para resolver os problemas, para ajudar um filho ou um amigo, se acha que não tem capacidade para aliviar as necessidades de tantas pessoas que carecem de tudo e sofrem; ou para fazer apostolado; ou que não tem forças para sair dos seus piores defeitos. Tenha confiança em mim, e faça da sua parte o que puder, ainda que seja pouquinho...; mas que seja *tudo o que pode* mesmo, como o menino que deu tudo o que tinha. O resto — acrescenta Jesus — é comigo".

MODERADOR — E esta parece-me que pode ser muito bem a conclusão da nossa meditação de hoje. Não nos esqueçamos nunca de que o nosso maior e melhor realismo é ter fé e confiança em Deus. As pessoas que agem "como se Deus não existisse, ou não visse, ou não amasse", caem na mais trágica falsificação da *realidade*. As pessoas que ainda não perceberam que a oração é infinitamente mais forte do que a energia atômica ou que o poder quase ilimitado do dinheiro, estão fora da realidade. As pessoas que não percebem que a maior garantia de que receberão os dons de Deus é obedecer a Deus — obedecendo ao seu Evangelho e à sua santa Igreja — estão fora da realidade. Não nos deixemos dominar nunca — ainda que a nossa vida atravesse momentos muito difíceis — por uma visão acanhada e míope. Peçamos a Tomé que nos ajude a ser os "realistas da esperança" — com certeza ele nos acudirá. Tem experiência...

QUINTO SERÃO: ÚLTIMA PESCA

(João 21, 1-14)

Da rotina à esperança

MODERADOR — Hoje mudamos de paisagem. Já não estamos mais em Jerusalém, com os Apóstolos no Cenáculo. Eles viajaram, conforme Jesus lhes pedira, e voltaram todos para o Norte, para a Galileia, a terra deles, onde Jesus os chamara para segui-lo e onde haviam andado juntos por quase três anos. Sabemos — porque assim conta São Lucas no início dos Atos dos Apóstolos — que, lá na Galileia, Jesus ressuscitado se encontrou com eles um bom número vezes, durante mais de um mês...

LEITOR PENSATIVO — Mas não lhes aparecia todos os dias, não é verdade?

MODERADOR — É verdade. Isso explica que os Apóstolos, devendo permanecer um longo período na terra deles, não ficassem ociosos e procurassem ocupar os dias com o seu trabalho habitual. E é assim que encontramos hoje um grupo deles, de volta às suas tarefas de pescadores. A cena que meditaremos agora é a última do Evangelho de São João, que, por sinal, é tão rica de conteúdo e tão cheia de sugestões, que vai nos dar matéria para três serões completos, e poderia dar para um livro inteiro. Vamos ver como a cena começa?

LEITOR PENSATIVO — Apresenta Pedro, Tomé, Natanael (chamado também Bartolomeu), mais os dois irmãos inseparáveis, Tiago e João, e outros dois discípulos de quem não se dá o nome, todos juntos perto do mar de Tiberíades (ou lago de Genesaré, ou da Galileia, pois o Evangelho lhe dá os três nomes). Todos eram pescadores. Todos, naquele período, voltaram à tarefa que lhes ocupara tantos anos, tantos dias — e, mais ainda, tantas noites —, um trabalho cansativo, muitas vezes ingrato e sempre rotineiro. *"Vou pescar"*, disse-lhes Pedro.

"Nós também vamos contigo, responderam os outros. *Partiram, e entraram na barca, mas naquela noite não apanharam nada.*

MODERADOR — Isso já lhes tinha acontecido outras vezes, como quando — bem no início das andanças com Jesus, como lembrávamos ontem — Nosso Senhor ficou pregando ao povo de dentro da barca de Pedro (e como, aliás, o continua a fazer hoje o sucessor de Pedro, o Papa, dentro dessa barca que é a Igreja), e fez o milagre de uma pesca prodigiosa.

LEITOR COMPASSIVO — O caso é que, após uma noite de esforços inúteis — lançar a rede, recolhê-la vazia! —, estavam voltando para a praia em silêncio, com o coração tão cinzento como a cor das nuvens do anteamanhecer.

LEITOR FELIZ — Essa é a cor de muitos corações, quando sentem o peso da *rotina dos dias*: sempre o mesmo trabalho, os mesmos lugares, as mesmas caras, o mesmo trânsito, as mesmas reclamações da mulher, os mesmos mutismos e alheamentos do marido, os mesmos problemas dos filhos, a mesma dor de coluna, a mesma falta de dinheiro... E isso, um dia e outro dia, e um mês e outro mês, e um ano e outro ano... As pessoas sentem-se envolvidas por essa *rotina* como por um gás asfixiante, e pode chegar um momento muito perigoso, que é quando pensam: "Não aguento mais, isto não é vida".

Leitor compassivo — Muitos acham, então, que a solução consiste em "mudar" (mudar de cidade, de mulher ou de marido, de trabalho, de religião, de hábitos, e passar a ter uma vida desregrada). Ou então "desligam" de tudo e de todos e passam a viver num mundo de sonhos, de fantasias, de saudades..., que, por serem evasões, facilmente desembocam na pior fuga, na alienação completa do álcool e das drogas. É uma pena terrível!

Leitor pensativo — Santo Agostinho, o coração inquieto que não se conformava com as coisas confusas e medíocres, dizia: "Eu temia tanto como à morte ficar preso pelo hábito rotineiro". Mas não resolveu o problema fugindo, e sim arrependendo-se dos seus pecados e procurando Deus com toda a sinceridade.

Leitor feliz — Todos deveríamos ter pavor da rotina asfixiante e da fuga... Mas o problema da rotina — contrariamente ao que a maioria pensa — não está na *repetição* monótona das circunstâncias externas, e sim na falta de *renovação* do nosso coração, do nosso modo de ver e amar as coisas e as pessoas. O mal está *exclusivamente dentro de nós*, gostemos ou não de reconhecer isso...

Leitor compassivo — Acho que vem a propósito aquela história que conta Chesterton acerca do inglês que se sentia farto de morar sempre na mesma ilha, e por isso foi à procura de outra terra, a terra dos seus sonhos. Viajou muito. Nenhum país nos quais aportou o satisfazia. Já estava cansando de tanto viajar, quando avistou uma terra que o atraiu imensamente. Aproximou-se dela, desembarcou, começou a internar-se no território e logo chegou, cheio de entusiasmo, à conclusão:

"Esta é a terra dos meus sonhos, a que sempre andei procurando!" Ao perguntar a um dos habitantes onde estava, este respondeu: "Na Inglaterra".

MODERADOR — Algo de parecido acontece conosco, não é? Não precisamos ir atrás de outras "ilhas". Basta ficarmos na nossa — na nossa vida real —, mas vendo-a e vivendo-a com frescor de novidade. Isto é o que Jesus nos vai ensinar hoje. Voltemos, então, à nossa cena.

LEITOR PENSATIVO — O Evangelho, após contar da pesca falha, continua: *Ao romper o dia, Jesus apresentou-se na margem, mas os discípulos não o reconheceram. Jesus disse-lhes então: "Rapazes, tendes alguma coisa que comer".* Vou parar aqui para um comentário. Vocês não veem? Mais uma vez, Jesus ressuscitado apresenta-se humano, afetuoso, familiar, não com uma majestade gloriosa e distante. Fala familiarmente: *Rapazes!* Pergunta se têm algo que se possa comer. Já comentamos antes que assim nos quer mostrar, depois da ressurreição, que deseja viver junto de nós como um amigo muito próximo, compreensivo, humano, inseparável...

LEITOR FELIZ — E o mais divertido — permitam-me usar esta expressão — é que os discípulos, míopes como uma toupeira, não perceberam que era Jesus, e continuaram soturnos e tristonhos. Imagino o tom de aborrecimento com que devem ter respondido, incomodados, a Jesus: "— *Não!* Não temos nada para comer". E acho que nosso Senhor — rei e senhor de toda a alegria — mais uma vez se divertiu "divinamente", quando lhes disse: *Lançai a rede ao lado direito da barca e encontrareis.* E aconteceu o que já podemos imaginar. Uma nova pesca milagrosa.

LEITOR PENSATIVO — Exatamente. Aconteceu que *lançaram a rede e, devido à grande quantidade de peixes, já não tinham forças para a arrastar.*

LEITOR COMPASSIVO — Jesus não faz as coisas pela metade...

LEITOR PENSATIVO — Não mesmo. E agora vem a melhor parte. Ao ver aquele milagre,

João *disse a Pedro: "É o Senhor!"* João, o *discípulo amado*, foi o primeiro a ter sensibilidade para perceber que aquele desconhecido era Jesus, e avisou o "patrão" da barca, Pedro. E o bom Pedro, o Pedro emotivo e impulsivo que todos conhecemos, "deu uma de Pedro": *Simão Pedro, ao ouvir que era o Senhor, apertou o cinto da túnica, porque estava sem mais roupa, e lançou-se à água.* Não pôde esperar que a barca chegasse à terra. Lançou-se de cabeça à água, ansioso por chegar a Jesus quanto antes! Pouco depois chegaram os outros na barca, arrastando a rede cheia.

Moderador — E o que encontraram? Vamos prestar bastante atenção. Vocês acham que encontraram um Jesus hierático, sentado numa cátedra de marfim, dizendo-lhes: "Vamos deixar-nos de coisas banais, materiais, agora que me reconheceram, e vamos falar do que importa: de coisas celestiais, de coisas elevadas, só das coisas espirituais, as únicas que contam"? Vocês acham mesmo que foi assim? É claro que não! Todos sabemos que foi bem diferente. Vejamos o que diz o Evangelho.

LEITOR PENSATIVO — Diz assim: *Ao salta-rem em terra, viram umas brasas prepara-das e um peixe em cima delas, e pão. Disse--lhes Jesus: "Trazei aqui alguns dos peixes que agora apanhastes"*... E depois: *"Vinde comer"*. E pronto! Lá ficaram sentados em roda, à volta da fogueirinha que o próprio Jesus acendera, sentindo o cheiro delicioso de peixe fresco assado — que Jesus já tinha começado a preparar, muito diligentemen-te, com as próprias mãos —, e repartindo pedaços de pão e comendo como uma ale-gre turma de amigos num piquenique...

LEITOR FELIZ — Jesus fez questão de va-lorizar, de mostrar como é importante o "trivial cotidiano". Tenho um conhecido que até chorava de emoção ao pensar nesta cena: "Você não percebe como isso é mara-vilhoso? Cristo farofeiro! O Filho de Deus, farofeiro!"

MODERADOR — Quer dizer que esse seu amigo se alegrava justamente ao perce-ber o carinho com que Cristo vê e valori-za a nossa vida diária, as pequenas coi-sas da vida, que às vezes nos parecem tão distantes dos grandes ideais, e concretamente tão longe do ideal cristão de Amor e de santidade... E esquecemos que Jesus passou trinta anos vivendo com amor a "rotina dos dias", no lar de Maria e José, tendo uma vida normal, discreta e simples, de família, de trabalho..., sendo, como se lê no Evangelho, *o carpinteiro, o filho do carpinteiro*... E era a "vida do Deus feito homem", cheia, portanto, de grandeza e santidade.

Com ela nos estava redimindo, nos estava salvando...

LEITOR PENSATIVO — Penso que esta cena de Cristo, que pesca, prepara o almoço, toma a refeição com os amigos, e conversa com eles à beira do lago é um símbolo do que deveria ser cada um dos nossos dias. Também nós podemos acordar de manhã (pensemos na manhã da segunda-feira mais cinzenta de todas), e — se nos tivermos lembrado de rezar e oferecer o nosso dia a Deus —, poderemos ver, com a força da fé, que Jesus está junto de nós e nos diz: "Vamos começar o dia juntos, vamos trabalhar juntos, vamos tratar bem os outros, vamos fazer do 'trivial cotidiano' uma aventura de Amor...".

LEITOR FELIZ — Ah! Se conseguíssemos ser cristãos que rezam, que se lembram com fé de Deus o dia inteiro! (Bastaria, para isso, trazer um crucifixo no bolso, ou um terço, e rezar as orações que amamos, também pela rua; e dizer muitas breves jaculatórias — do tipo "Jesus, eu te amo! Jesus, dá-me um coração como o teu!" — no trânsito, e ao iniciar uma tarefa, e ao morder os lábios para não xingar ou resmungar ou falar mal dos outros...). Se conseguíssemos conversar com Cristo até sobre os detalhes mais triviais, com certeza uma luz nova se acenderia em nosso coração e, com essa luz, veríamos de uma maneira "nova" todas as coisas, nunca gastas, puídas, aborrecidas e rotineiras. Entenderíamos então por que Jesus nos diz: *Eis que eu faço novas todas as coisas*. E se acenderia em nossa alma a esperança.

MODERADOR — Há uma doutrina cristã maravilhosa que um santo dos nossos dias, São Josemaria Escrivá, soube proclamar com uma clareza e uma força tão grandes, que ateou incêndios de alegria e amor em milhares de pessoas comuns — cristãos "vulgares" — em todo o mundo. A missão que Deus lhe confiou consistiu em contribuir para que os cristãos comuns, que vivem no meio do mundo, compreendessem "que a sua vida, tal como é, pode vir a ser ocasião de encontro com Cristo: quer dizer, que é um caminho de santidade e de apostolado. Cristo está presente em qualquer tarefa humana honesta: a vida de um simples cristão — que a alguns possa parecer vulgar e acanhada — pode e deve ser uma vida santa e santificante".

Leitor feliz — Maravilha!

Leitor pensativo — O mais bonito é o modo de conseguir isso. Também São Josemaria o ensinava: "Fazei tudo por amor — dizia —. Assim não há coisas pequenas: tudo é grande. — A perseverança nas pequenas coisas, por Amor, é heroísmo". E aplicava esta doutrina — que é inspirada no Evangelho e em São Paulo (*se não tiver amor, nada me aproveita...*) —

a todas as coisas cotidianas boas e normais: podemos sorrir, por amor, quando não temos vontade, mas os outros precisam de "caras sorridentes"; podemos finalizar, por amor, um trabalho que gostaríamos de interromper por cansaço; podemos colocar a roupa no lugar, oferecendo esse sacrifício a Deus, em vez de jogá-la em cima da cama ou no chão; podemos rezar as orações que nos propusemos, ainda que nos custe concentrar-nos, porque não queremos furtar a Deus, com desculpas de cansaço (que não teríamos para um jogo de futebol ou para assistir à telenovela) esses momentos que são para Ele...

MODERADOR — Monsenhor Escrivá, quando estava nesta terra, ajudava as pessoas — e também agora continua a ajudá-las lá do Céu — a converter, com a graça de Deus, todos os momentos e circunstâncias da vida em ocasião de amar e de servir, com alegria e com simplicidade, e iluminar assim os caminhos da terra com o resplendor da fé e do amor. Bonito, não é? Não percebemos que, para os que se propõem viver assim, a rotina é impossível?

O amor e o desejo de servir fazem-nos ver tudo como uma oportunidade única, iné-dita, de *dar* (amar é dar) algo a Deus e aos nossos irmãos. Feito com carinho, tudo se faz "novo"...

LEITOR FELIZ — Isto me lembra uma vez que fui comprar imagens de presépio a um artesão — um artista de verdade —, e lhe pedi uma figura igual a outra que esta-va em uma prateleira do ateliê. Disse-me rotundamente que não. Perguntei: "Mas não conserva o molde?" Ao ouvir essas palavras, levantou-se indignado, como se eu o houvesse ofendido, e gritou: "Molde! Molde!... Eu não tenho molde. Cada figura é única e irrepetível"... Se cada dia nosso fosse assim, sem molde...!

LEITOR PENSATIVO — É neste sentido que monsenhor Escrivá dizia:

"— Não esqueçam nunca: há *algo* de santo, de divino, escondido nas situações mais comuns, algo que a cada um de nós compete descobrir... Deus espera-nos cada dia: no laboratório, na sala de operações de um hospital, no quartel, na cátedra universitária, na fábrica, na oficina, no campo, no seio do lar e em todo o imenso panorama do trabalho".

"A vocação cristã consiste em transformar em poesia heroica a prosa de cada dia".

LEITOR COMPASSIVO — E como insistia na santificação do trabalho! Um trabalho realizado por amor a Deus e com empenho em servir: trabalho bem-feito, acabado, caprichado nos detalhes, digno de ser colocado *no altar do coração* e oferecido com Jesus--Hóstia na Santa Missa. Toda a vida do cristão se converteria assim numa Missa!

MODERADOR — É, tudo isto é imensamente sugestivo... Mas, mais uma vez, vou encerrar este serão (como gostamos de falar!) sem acrescentar mais nada, pois quase tudo foi dito e que podemos ir para a cama, hoje, pensando: — Amanhã começa outro dia, uma nova etapa da minha "rotina diária". Mas agora já não vou vê-lo suspirando aborrecido, dizendo: "mais um". Vou entrar nele com a esperança que Jesus pôs em nossos corações e direi, alegre: "Mais uma ocasião de amar e de servir. Vamos ver que novidades — com a ajuda de Deus — o meu amor será capaz de introduzir em minha rotina".

SEXTO SERÃO: PEDRO

(Lucas 22, 55-62 e João 21, 15-17)

Da queda à esperança

MODERADOR — O quadro familiar que meditávamos no último dia, contemplando Jesus à beira-mar com os Apóstolos, todos participando de uma cordial refeição de peixe fresco na brasa, prolonga-se numa cena comovente, à qual vale a pena dedicar um serão inteiro. Como das outras vezes, procuraremos nos aproximar da cena devagar, imaginando que estamos ali, olhando e participando de tudo, e tratando de penetrar no coração dos protagonistas, que agora são só dois: Jesus e Pedro.

LEITOR PENSATIVO — Quer que comecemos a ler o que diz o Evangelho?

MODERADOR — Claro! Pode começar, faça o favor.

LEITOR PENSATIVO — O Evangelho conta que, no fim da refeição praiana, iniciou-se um diálogo pessoal, a sós, entre Jesus e Pedro. Não sabemos se estavam sentados, olhando para o lago, ou se conversavam caminhando (parece que passeavam); mas sabemos como foi a conversa. *Tendo eles comido* — diz São João —, *Jesus perguntou a Simão Pedro: "Simão, filho de João, amas-me mais do que estes?"* Também sabemos que Jesus repetiu três vezes essa mesma pergunta. Podemos imaginar a cara de Pedro. Não esperava essas palavras, mas entendeu-as perfeitamente, pois mexeram numa ferida muito funda do seu coração e a ungiram como com um bálsamo...

LEITOR COMPASSIVO — A pergunta de Jesus — três pedidos de amor — trouxe-lhe à memória, subitamente, aqueles momentos amargos da Paixão em que traíra a amizade de Jesus com três negações, três atos de desamor, três pecados graves. Como lhe doera na alma ter sido tão covarde, tão egoísta, capaz de renegar Jesus e até de falar depreciativamente dele, para salvar a pele...

LEITOR FELIZ — Foi uma noite muito amarga no pátio da casa do sumo sacerdote, onde Cristo estava preso, manietado, com as faces roxas de pancadas, sujas de escarros e a alma dilacerada por insultos e calúnias, e tão precisado de carinho, de consolo, de amizade... Justamente nessa noite Pedro o rejeitara, e negara conhecê-lo. Porém, ao mesmo tempo, foi uma noite muito bonita. Eu me emociono muito quando lembro que, depois da terceira negação de Pedro, quando o galo já havia cantado — como Jesus predissera —, diz são Lucas que *voltando-se o Senhor, olhou para Pedro. Então Pedro lembrou-se da palavra do Senhor: "Hoje, antes que o galo cante, me negarás três vezes".*

E, saindo fora, chorou amargamente.

LEITOR COMPASSIVO — Coração machucado do pobre Pedro! Como deve ter sido aquele olhar de Jesus sofredor! Nele não houve nada de recriminação, nada de ressentimento. Só carinho. Apenas estava a dizer a Pedro, com os olhos: "Eu te amei com predileção e, apesar de tudo o que acabas de fazer, continuo a amar-te, pobre amigo, pobre filho meu". Era um olhar de *misericórdia*, que é a expressão mais bela e profunda do amor que Deus nos tem, "amor mais forte do que a morte — diz João Paulo II —, mais forte do que o pecado". E ainda acrescenta: "São infinitas a prontidão e a força do perdão de Deus. Nenhum pecado humano prevalece sobre esta força e nem sequer a limita". Será que percebemos bem a enorme fonte de confiança, a inesgotável fonte de esperança que é, para o pecador — para todos nós, que somos pecadores —, a misericórdia de Deus? É tão imensa que nos desarma...

MODERADOR — Foi o que aconteceu depois daquele olhar de Jesus. O bom Pedro lembrou-se então, com certeza, do momento em que Jesus o escolhera por puro amor, confiando totalmente nele, para ser seu Apóstolo, o chefe dos Apóstolos, a pedra fundamental da sua Igreja. Lembrou-se do imenso oceano de cuidados, compreensão, afeto, paciência, ensinamentos e auxílio que Jesus lhe havia dispensado ao longo dos três anos em que tinham andado juntos; compreendeu que tinha sido objeto de um amor imenso, que, mesmo que quisesse, não teria como pagar... Nessa noite, era Jesus quem lhe pagava o pecado, não com um castigo, nem sequer com um olhar de censura ou de rejeição, mas com aquele olhar acolhedor e afetuoso. Por isso, Pedro, de saída, chorou, chorou transtornado de pena, chorou desfeito perante a misericórdia de Cristo... Dizem que, durante anos, ainda se lhe notava na face a vermelhidão causada por tantas lágrimas...

LEITOR PENSATIVO — Pedro chorou por amor, ao mesmo tempo que outro Apóstolo, que também traiu e se arrependeu — Judas —, chorou só de remorso e de raiva de si mesmo, de horror insuportável pelo pecado que tinha cometido. *Pequei, entregando o sangue de um justo* — gritou; mas de nada lhe adiantou. Não soube confiar na misericórdia de Deus, não foi capaz de crer nessa misericórdia divina, "que — como diz o Papa — sabe tirar o bem de todas as formas do mal existente no homem e no mundo". Judas Iscariotes desesperou-se, *jogou então no templo as moedas de prata, saiu e foi enforcar-se*. Poderia ter sido um grande santo, se entendesse, se fosse humilde!

MODERADOR — Voltemos agora à cena de hoje, à conversa a sós de Jesus ressuscitado com Pedro, porque nos vai sugerir coisas belíssimas, além das que já meditamos.

LEITOR PENSATIVO — Acho que será bom ler a cena completa: *Tendo eles comido, perguntou Jesus a Simão Pedro: "Simão, filho de João, tu me amas mais do que estes?" Respondeu ele: "Sim, Senhor, tu sabes que eu te amo". Disse-lhe Jesus: "Apascenta os meus cordeiros". Perguntou-lhe outra vez: "Simão, filho de João, tu me amas?" Respondeu-lhe: "Sim, Senhor, tu sabes que te amo". Disse-lhe Jesus: "Apascenta os meus cordeiros". Perguntou-lhe pela terceira vez: "Tu me amas?" Pedro entristeceu-se porque lhe perguntou pela terceira vez: "Tu me amas?", e respondeu-lhe: "Senhor, tu sabes tudo, tu sabes que eu te amo". Disse-lhe Jesus: "Apascenta as minhas ovelhas".*

Leitor feliz — É fantástico! Quantas verdades maravilhosas nos ensina este trecho do Evangelho! Faz-nos ver tantas coisas bonitas, que parece que nos borbulham no coração sem que consigamos bem expressá-las. Porém, na realidade, são coisas simples, todas elas demonstrações desse amor inefável de Deus que se chama misericórdia. Vejam (desculpem, vocês já devem ter visto tão bem quanto eu): por um lado, Jesus ajuda Pedro a apagar os seus três pecados com três atos de amor (que delicadeza!). Em segundo lugar, Jesus faz ver a Pedro que, apesar do seu pecado, o considera capaz de ser muito santo, de amar *mais do que todos estes*, mais do que ninguém (que confiança imensa!). Terceiro: em vez de depor Pedro do seu cargo de pastor e chefe da Igreja, por ter caído tão baixo, faz questão de confirmá-lo na autoridade que lhe havia conferido, para que fosse o primeiro entre todos os Apóstolos (que grandeza tem a chamada divina, que os pecados não podem apagar!). Neste cena, Jesus confirma-o na função de pastor dos cordeiros e pastor das ovelhas, ou seja, pastor dos pastores e pastor do povo fiel, de todo o seu rebanho, que é a Igreja.

Moderador — Você tem toda a razão no que acaba de dizer, e será ótimo meditar um pouco cada um desses três pontos.

Leitor feliz — Todos esses pontos falam de esperança, não é? Creio que o primeiro e o segundo falam sobretudo da confiança que Jesus tem em nós, na capacidade de recuperação do pecador; e da alegria que Deus "experimenta" quando um pecador — por mais "trapo sujo" que seja — se volta para Ele, arrependido e com amor. Há um poeta, Charles Péguy, que captou isso muito bem. Querem ouvir o trecho de um poema seu? "Deus pôs a sua esperança em nós. Foi Ele que começou. Ele esperou que o último dos pecadores, que o mais ínfimo dos pecadores, fizesse ao menos um pequeno esforço por sua salvação, por pouco, por pobremente que se esforçasse, que se ocupasse ao menos um pouco disso.

Ele esperou em nós. Virá a ser dito que nós não esperamos nele?

Deus depositou a sua esperança, a sua 'pobre' esperança em cada um de nós, no mais ínfimo dos pecadores.

Virá a ser dito que nós, ínfimos, que nós, pecadores, seremos nós a não depositar a nossa esperança nele?"

LEITOR COMPASSIVO — Isto se vê de forma tocante na parábola do filho pródigo. O filho menor abandona a casa paterna, comete pecado atrás de pecado, disparate atrás de disparate, e Jesus mostra o seu pai, que simboliza Deus, encostado ao limiar da porta de casa, perscrutando o caminho, na esperança de ver um dia o filho voltar. E quando enxerga ao longe uma nuvenzinha de pó, o seu coração adivinha, e quando já se aproxima aquele mendigo empoeirado, o pai já sabe que é o seu filho, e, *movido de compaixão, correu-lhe ao encontro, lançou--se-lhe ao pescoço e o cobriu de beijos.* Bastou ao filho a boa vontade de arrepender--se, de voltar, de abrir o coração para dizer, com doída sinceridade: *Pai, pequei contra o céu e contra ti...,* para ser envolvido por todo o amor do pai.

LEITOR PENSATIVO — Quem não sabe dizer *pequei*, esse não sabe dizer *Pai*! Porque só quem descobriu o amor de Pai que Deus nos tem pode dar-se conta de como lhe pagou mal esse amor, de como o esqueceu, de como lhe desobedeceu, de como o ofendeu..., e então pode doer-se por amor, que é o verdadeiro arrependimento, a verdadeira *contrição*. Foi o sentimento que Pedro teve no diálogo à beira do lago e que Jesus o ajudou a manifestar:

Amas-me? —Amo-te...

LEITOR COMPASSIVO — Sem esse amor, infelizmente, sequer chegamos a reconhecer os nossos pecados. Achamos uma desculpa para todos eles, a começar pela desculpa de dizer que não são pecados, que "não cometo pecados", e assim fechamos o mal dentro do nosso coração e trancamos a porta da alma à misericórdia de Deus e ao seu perdão.

LEITOR PENSATIVO — Mas há um segundo ponto, como víamos. Jesus, na praia, perguntou a Pedro: *Amas-me mais do que estes*? É o segundo ato de confiança de Jesus.

O pecador que se arrepende de verdade, por amor, recebe a graça de Deus — normalmente mediante a Confissão —, e, se corresponde a essa graça, pode chegar a uns cumes de santidade infinitamente maiores do que os abismos aonde se precipitou com o pecado. É o que aconteceu com Pedro, com Paulo, com Santo Agostinho e com tantos outros. E aí temos outro motivo de esperança. Não tem espírito cristão, por exemplo, a pessoa que diz: "Eu já pequei tanto, caí tão fundo, fiz tantas barbaridades, que o máximo a que posso aspirar é obter a duras penas o perdão de Deus e entrar no Céu por uma frestinha, como o último da fila..." Errado!

Leitor feliz — Super-errado! Já o vemos no caso de Pedro. Mas também isso fica patente na parábola do filho pródigo. Ao filho pecador que se arrepende, o pai cumula-o de tantos bens e tantas honras, envolve-o em tanta alegria, que provoca a inveja do irmão mais velho, trabalhador, honesto (mas egoísta e mesquinho). *Convinha fazermos uma festa* — retruca o pai —, *pois este teu irmão estava morto, e reviveu; estava perdido, e foi achado.* Este é o espírito de Jesus: *Digo-vos que haverá mais júbilo no céu por um só pecador que fizer penitência do que por noventa e nove justos que não necessitam de arrependimento.* Este — dizia — é o espírito de Jesus. Será que é o nosso? Nós confiamos assim? Somos capazes de arrepender-nos assim? Somos capazes de fazer penitência, por amor, de mudar com alegria e recomeçar com esforço? Cristo deixou-nos um meio fácil e acessível: o sacramento da Penitência, a Confissão. Dele diz o Papa: "Neste sacramento, todos podem experimentar, de modo singular, a misericórdia, isto é, aquele amor que é mais forte do que o pecado".

Leitor compassivo — Também é o Papa João Paulo II quem nos diz, com belas palavras: "A conversão a Deus consiste sempre na descoberta da sua misericórdia, do seu amor fiel até as últimas consequências. O autêntico conhecimento do Deus da misericórdia é a fonte constante e inexaurível de conversão".

MODERADOR — E ainda nos resta dizer algo sobre o terceiro ponto. Jesus não só perdoa Pedro, mas confirma-o naquela missão de máxima responsabilidade, que é ser o supremo pastor da Igreja aqui na terra. Também aí a prova de confiança de Jesus é tão grande que a nossa esperança arde como uma fogueira!

LEITOR PENSATIVO — Penso que, aplicado a cada um de nós, isto nos diz: "Deus espera muito de ti, por mais que a tua vida passada tenha sido um desastre. Não fiques apontando baixo. Não coloques metas medíocres na tua vida cristã, na tua vida de intimidade com Deus, na tua oração, no teu apostolado, na tua dedicação ao bem material e espiritual dos teus irmãos. Sê audaz. Aponta muito alto, pois é aí, nas alturas, que Cristo — que te perdoou e voltará sempre a perdoar-te, se te arrependes — te espera".

LEITOR COMPASSIVO — Aquele poeta que citei antes contempla a vida dos filhos de Deus como um caminho ascendente, sempre subindo, sempre subindo, até chegar ao Céu. Imagina a fé, a esperança e a caridade como três irmãs, e diz que a esperança é a irmã menor, que parece fraquinha, mas é ela que arrasta as outras duas com força irresistível:

No caminho ascendente, arenoso, incômodo, na caminhada ascendente,

arrastada, pendurada dos braços das irmãs mais velhas,que a levam pela mão, a pequena esperança avança.

E, no meio, entre as duas irmãs mais velhas, tem o ar de se deixar arrastar, como uma menina que não tivesse forças para caminhar, e que fosse arrastada pela estrada contra vontade.

Quando, na realidade, é ela que faz andar as outras duas,

E que as arrasta,

E que faz andar toda a gente,

E que a arrasta.

MODERADOR — A força da esperança! A grandeza da esperança! É uma luz espetacular que a ressurreição de Jesus nos deixa no mais fundo do coração. O Papa diz que "Cristo ressuscitado é a encarnação definitiva da misericórdia, o seu sinal vivo". Peçamos hoje a Jesus — ao terminarmos a meditação neste sexto serão — que, mesmo que tenhamos a desgraça de traí-lo muitas vezes, nos conceda a graça de não trairmos nunca a esperança, essa fabulosa esperança que Ele nos ganhou morrendo e ressuscitando.

SÉTIMO SERÃO: JESUS, PEDRO E JOÃO

(João 21, 18-23)

Esperança na terra e esperança no Céu

MODERADOR — Ao terminarmos a meditação no último serão, ainda não nos despedimos da praia, das margens do lago da Galileia onde Jesus, depois de falar de amor e de perdão, confirmou Pedro em sua missão de pastor de toda a Igreja. Voltemos hoje ao mesmo lugar.

Jesus ressuscitado e Pedro ainda conversam. Tudo indica que agora estão andando. O Senhor acaba de dizer a Pedro *"Apascenta as minhas ovelhas"*. De repente para, fita-o nos olhos e, como quem antevê o futuro, diz-lhe umas palavras muito sérias. Vamos lembrá-las.

LEITOR PENSATIVO — Jesus disse a Pedro: *"Em verdade, em verdade te digo: quando eras mais jovem, cingias-te e ias para onde querias. Mas, quando fores velho, estenderás as tuas mãos, e outro te cingirá e te levará para onde não queres".* Por estas palavras, indicava o gênero de morte com que ele havia de glorificar a Deus. E depois de assim ter falado, acrescentou: *"Segue-me!".*

LEITOR COMPASSIVO — E assim foi, assim aconteceu. Durante a perseguição de Nero, Pedro foi preso em Roma pelo "crime" de ser cristão, e, amarrado como um bandido, levaram-no ao patíbulo, onde o crucificaram. O Apóstolo, cheio da fé e da fortaleza que o Espírito Santo lhe infundia, padeceu e morreu serenamente, e — segundo a tradição — teve o detalhe finíssimo de pedir que o crucificassem de cabeça para baixo, pois se considerava indigno de morrer como o seu Senhor Jesus. Todas as vidas santas são maravilhosas!

MODERADOR — Certamente. Mas, focalizando bem a cena que começamos a meditar, parece-me que nela, para começar, há *duas mensagens* que seria bom não deixar passar. Uma, é o modo como Jesus alude à *morte*. A outra, o modo como alude ao sofrimento, à *Cruz*. Será que não há nada a comentar?

Leitor feliz — Graças a Deus, há muito. Porque Jesus fala da morte e da dor com tanta naturalidade que é evidente que não pensa que nenhuma das duas sejam algo ruim... E, se isto não nos faz pensar e não nos toca alguma fibra sensível de esperança dentro do coração..., é que estamos cegos ou andamos no mundo da lua.

Leitor pensativo — Podemos começar pela primeira dessas duas mensagens, a alusão à morte?

Moderador. — Perfeitamente.

Leitor pensativo — Bem. A naturalidade — naturalidade séria e grave, certamente — com que Jesus fala da morte revela que, para Nosso Senhor, a morte não é nem uma tragédia, nem o fim de tudo. Ele mesmo diz que morrer é chegar a casa, à casa do Pai. Ou seja, que a vida nesta terra é apenas um caminho — bem curto, por sinal —, é uma *passagem que encaminha* (e, infelizmente, pode desencaminhar) para a meta definitiva, que é o Céu, a união plenamente feliz com Deus e com os amigos de Deus por toda a eternidade. Pois este é o verdadeiro fim e destino do homem.

LEITOR FELIZ — Isto é algo que São Pedro entendeu muito bem. Vejam o que escreve aos primeiros cristãos nas suas cartas. É uma delícia ler esses trechos: *Bendito seja Deus, o Pai de Nosso Senhor Jesus Cristo! Na sua grande misericórdia, Ele fez-nos renascer, pela ressurreição de Jesus Cristo dentre os mortos, para uma viva esperança, para uma herança incorruptível, incontaminável e inacessível, reservada para vós nos céus...* Isto está na sua primeira carta, e, na segunda, falando da vocação cristã, diz: *Portanto, irmãos, cuidai cada vez mais de assegurar a vossa vocação... Assim vos será aberta largamente a entrada no Reino eterno de nosso Senhor e Salvador Jesus Cristo.*

Leitor pensativo — O triunfo, a realização autêntica e decisiva da vida é salvar-se, ser santo, ir para o Céu. *Que adianta* — dizia Jesus — *alguém ganhar o mundo inteiro, se vier a perder a sua alma?* Sem olhar para a vida eterna, todas as grandezas e conquistas deste mundo são pó e vento que passa. Mais ainda, uma vida carregada de "realizações", mas virada de costas para Deus, é como um navio ricamente equipado, que navega com cargas valiosíssimas, mas não tem destino, não chegará a porto algum; seu destino consiste em girar no redemoinho e afundar no abismo.

Leitor compassivo — Como se entende bem a vida, olhando-a à luz da morte e da eternidade! Mas... há ainda uma segunda mensagem que temos que considerar, não é verdade?

Moderador — Essa segunda mensagem é simplesmente a serenidade com que Jesus fala da dor — do martírio de Pedro — como de um bem, pois será um modo maravilhoso de amar e de *"glorificar a Deus"*, como Cristo disse a Pedro.

LEITOR PENSATIVO — O próprio Pedro chegaria a ver o sofrimento, à luz da fé, como um verdadeiro tesouro. Àqueles cristãos do século primeiro, perseguidos de morte pelo imperador (muitos foram queimados vivos como tochas, quando Nero incendiou Roma), escrevia-lhes dizendo que seus padecimentos eram *a prova a que é submetida a vossa fé, mais preciosa do que o ouro perecível*. E exortava-os deste modo: *Alegrai-vos de ser participantes dos sofrimentos de Cristo, para que vos possais alegrar e exultar no dia em que for manifestada a sua glória*. Docemente, lembrava-lhes que Cristo *é para vós a fonte de uma alegria inefável e gloriosa*.

LEITOR COMPASSIVO — Como dão pena os que são incapazes de entender estas coisas e passam a vida atrás do prazer, sem ter no coração mais que decepções e queixas!

LEITOR FELIZ — Amar a Cruz é o segredo para se ser feliz também na terra...

MODERADOR — Certo, certíssimo, e aprofundar nisso nos levaria a considerações cheias de beleza..., mas ainda convém refletir um pouco mais sobre a conversa de Cristo com Pedro neste dia, à beira do lago. Na realidade, depois das palavras sobre as quais acabamos de meditar, houve mais um diálogo interessantíssimo entre Jesus e Pedro. Vocês não se recordam dele...?

LEITOR PENSATIVO — Sim, lembro bem. O Evangelho de São João diz que, após Jesus anunciar a Pedro o seu futuro martírio, este, *voltando-se para trás, viu que o seguia aquele discípulo que Jesus amava* — ou seja, João — ... *Vendo-o, Pedro perguntou a Jesus: "Senhor, e este? Que será dele?"* E sabem como foi que Jesus lhe respondeu? Desconversando! Disse-lhe: *"Que te importa...? Tu, segue-me!"*.

LEITOR FELIZ — É outra bela cena. Imagino Jesus com um sorriso meio brincalhão, a dizer a Pedro: "Estamos falando agora da *tua* vida, da *tua* missão e da *tua* entrada no Céu, não da vida dos outros. Cada filho de Deus tem a sua tarefa, a sua vocação própria. Deixa João tranquilo. É claro que também tenho uma missão reservada para ele, e não é nada pequena (João viveu até os cem anos, cuidou de Nossa Senhora, difundiu a fé entre milhares de pessoas, escreveu o quarto Evangelho e três Epístolas que fazem parte da Bíblia... Nada menos!). Mas o que interessa é que tu, Pedro, cumpras a tua missão pessoal. Por isso, te digo: *Tu segue-me!*".

LEITOR COMPASSIVO — Tenho a certeza de que estas palavras — *Tu, segue-me!* — provocaram um sobressalto no coração de Pedro, pois fora com essas mesmas palavras que Jesus o chamara, três anos antes, à beira do mesmo lago, dando-lhe a vocação de Apóstolo. O coração de Pedro deve ter batido a mil por hora... As lembranças do dia da sua vocação devem ter-lhe voltado à memória com a nitidez de um filme colorido.

LEITOR PENSATIVO — E penso que Pedro não deixou de ver uma correspondência muito significativa entre aquele dia, já remoto, do seu chamado, e esse dia em que conversava com Jesus ressuscitado. No dia da sua vocação, Jesus, antes de comunicar-lhe a chamada, fez o prodígio da primeira pesca milagrosa, que São Lucas descreve no capítulo quinto, e à qual já nos referimos. Após o milagre, ainda dentro da barca incrivelmente cheia de peixes prateados, Pedro jogou-se aos pés do Senhor; então, Jesus lhe disse: *Não temas; de agora em diante serás pescador de homens*. Era uma definição da vocação do Apóstolo, e é uma definição da vocação cristã, também da nossa... *Vinde após mim, e eu farei de vós pescadores de homens*.

MODERADOR — Certamente, como a Igreja nos ensina, todos os batizados temos uma vocação e uma missão divina a realizar no mundo. Deus chama-nos a todos a sermos *pescadores de homens*, a não ficar pensando só na nossa santificação, na nossa salvação; a não ficar fechados em nossas preocupações e sonhos pessoais, mas a envolver delicadamente os outros — respeitando-lhes com carinho a liberdade — nas "redes" da nossa caridade, do nosso amor fraterno, desse amor verdadeiro que deseja para todos o maior bem: trazê-los para junto de Cristo, tal como os Apóstolos — na cena do serão de hoje —

puseram aos pés de Jesus os *cento e cinquenta e três peixes grandes* que acabavam de pescar, guiados pelo próprio Jesus. Peixes que simbolizam almas!

LEITOR FELIZ — Quantos parentes, amigos, colegas, conhecidos já levamos nós aos pés de Cristo, à alegria de encontrar o olhar de Cristo, a palavra de Cristo o Coração de Cristo, à felicidade de descobrir junto de Jesus o amor que dá sentido à vida? O mar da Galileia, para nós, é o mundo, e o sucessor de Pedro, o Papa, que dirige hoje a barca da Igreja, nos dá como lema — nesta virada de milênio — as mesmas palavras com que Jesus mandou Pedro pescar, naquele encontro do dia da vocação: — *Duc in altum!* — *Mar adentro!* Deus quer que recristianizemos o mundo!

LEITOR PENSATIVO — São Josemaria Escrivá pregou incansavelmente — porque essa era a sua missão divina — que todos os batizados estão chamados à santidade e ao apostolado, cada um no lugar e no ambiente em que Deus o colocou. "Devemos — dizia — entrar na barca, empunhar os remos, içar as velas e lançar-nos ao mar deste mundo [...] — Fazei-vos ao largo e lançai as vossas redes para pescar." E acrescentava: "— O apostolado é como a respiração do cristão; não pode um filho de Deus viver sem esse palpitar espiritual".

Leitor compassivo — É comovente pensar que Nosso Senhor quer contar conosco para estender pelo mundo os frutos da Redenção que ele nos ganhou na Cruz. Ele — que é tudo e fez tudo — quer que o Reino de Deus também "dependa de nós"... Do nosso exemplo, do nosso empenho em difundir a doutrina cristã, do nosso apostolado pessoal, feito com a palavra compreensiva, com a confidência amiga, com o conselho leal...

Leitor pensativo — E, para isso, como víamos agora mesmo, o sucessor de Pedro, João Paulo II, não se cansa de nos lembrar dessa responsabilidade, especialmente importante no tempo em que vivemos. Ele o faz com palavras vibrantes na Carta *Novo millennio ineunte* ("No início do novo milênio"): "Sigamos em frente, com esperança! Diante da Igreja abre-se um novo milênio como um vasto oceano onde aventurar-se com a ajuda de Cristo [...]. O mandato missionário introduz-nos no terceiro milênio, convidando-nos a ter o mesmo entusiasmo dos cristãos da primeira hora; podemos contar com a força do mesmo Espírito que foi derramado no Pentecostes e nos impele hoje a partir de novo sustentados pela esperança que «não nos deixa confundidos»"...

MODERADOR — Em sua carta sobre o Rosário, escreve com grande vibração que o cristianismo, "passados dois mil anos, nada perdeu do seu frescor original, e sente-se impulsionado pelo Espírito de Deus a «fazer-se ao largo» para reafirmar, melhor, para «gritar» Cristo ao mundo como Senhor e Salvador, como «caminho, verdade e vida», como «o fim da história humana, o ponto para onde tendem os desejos da história e da civilização»"...

LEITOR FELIZ — É o mesmo entusiasmo que, em 2001, transmitia um grupo de fiéis do Opus Dei que estiveram em Roma aprofundando na Carta "No início do novo milênio": "É tempo — dizia-lhes — de renunciar a todos os temores e de nos lançarmos a metas apostólicas audazes. *Duc in altum!* O convite de Cristo estimula-nos a fazer-nos ao largo, a cultivar sonhos ambiciosos de santidade pessoal e de fecundidade apostólica [...]. Possa cada um de vós acolher esse convite de Cristo a corresponder com generosidade diariamente renovada".

Moderador — Como foi rico em sugestões o serão de hoje! Começamos meditando sobre a esperança da vida eterna, e percebemos que está estreitamente unida à alegria de cumprir na terra — até chegarmos ao Céu — a missão que Nosso Senhor nos confiou. Vimos que, assim, toda a vida se enche de um sentido novo, riquíssimo. E entendemos que Jesus, como fez com Pedro, venha agora a cada um de nós e nos diga: "Deixa de egoísmo e de preocupações mesquinhas. Não te percas em coisas secundárias. Não fiques ruminando se os outros pensam igual ou diferente, se fazem como tu ou fazem o contrário. *Tu...*, *segue-me!* Antes de chegar ao Céu (e faz o possível para lá chegar!) tens de arregaçar as mangas e realizar muita coisa na terra; sobretudo, tens de ajudar muitos a encontrarem e amarem a Deus, porque eu te dei essa *missão* no mundo e confio em ti".

OITAVO SERÃO: PAULO, O ÚLTIMO DE TODOS

(Atos 21, 6-11; 26-12-18 e
I Coríntios 15, 3-10)

Graça, luta e esperança

Moderador — Hoje vamos meditar sobre a "última" aparição de Cristo ressuscitado. Desta vez, quem nos vai contar tudo será o próprio interessado, o Apóstolo São Paulo. Acho que todos nós lembramos que São Paulo — que não chegou a conhecer Jesus quando andava visivelmente nesta terra — contou várias vezes a história da sua conversão. Inimigo feroz dos cristãos, viajava para Damasco com o fim de prendê-los quando, já perto da cidade, *de repente* — como ele mesmo narra — *me cercou uma forte luz do céu. Caí por terra e ouvi uma voz que me dizia: Saulo, Saulo, por que me persegues? Eu repliquei: "Quem és tu, Senhor?". A voz disse-me: "Eu sou Jesus de Nazaré, a quem tu persegues. Mas levanta--te... Eu te escolhi do meio do povo e dos pagãos, aos quais eu agora te envio..."*

LEITOR PENSATIVO — Já desde esse primeiro encontro com Jesus ressuscitado, Paulo compreendeu — com um lampejo de luz do Céu — que perseguir a Igreja era perseguir Cristo, e que amar a Igreja era amar Cristo, pois Jesus se identificava com ela, seu corpo, seu Corpo Místico...

MODERADOR — É uma verdade que muitos católicos precisariam conhecer melhor, para aprofundar nela em toda a sua riqueza e em toda a sua beleza, e assim amariam mais a Igreja, apesar de todas as mazelas dos católicos que somos membros da Igreja.... Mas não é sobre isto que hoje vamos refletir... A nossa meditação será baseada em outro comentário que Paulo fez sobre o seu encontro com Jesus ressuscitado. Já adivinharam em que estou pensando?...

LEITOR PENSATIVO — Acho que sim. Imagino que esteja pensando no trecho da primeira Carta aos Coríntios, onde ele comenta esse encontro...

MODERADOR — Exatamente. Pode lembrar-nos o texto?

LEITOR PENSATIVO — Com todo o prazer. No capítulo quinze dessa carta, Paulo está expondo a fé cristã sobre a ressurreição do Senhor e a nossa futura ressurreição, e começa fazendo um breve resumo das aparições de Cristo ressuscitado: *Foi sepultado e ressurgiu ao terceiro dia; apareceu a Cefas [Pedro] e, em seguida, aos Doze. Depois apareceu de uma vez a mais de quinhentos irmãos, dos quais a maior parte ainda vive e alguns já são mortos...* Antes de continuar a ler, queria esclarecer que Paulo, aqui, não pretende narrar as aparições numa ordem estritamente cronológica; o que deseja é ressaltar a importância de Cristo ter aparecido a Pedro, que é o chefe da Igreja, e a todos os Apóstolos (exceto Judas, naturalmente)...

Leitor feliz — Queiram desculpar-me se interrompo leitura com outro comentário. Acho fantástica a segurança, o aprumo e a naturalidade com que São Paulo fala dos *mais de quinhentos irmãos*, quase todos vivos, conhecidos, que estiveram com Jesus ressuscitado.... Que certeza indiscutível tinham todos a respeito da ressurreição de Jesus! Era como se Paulo dissesse: "Se porventura algum de vocês, meio distraído, duvida disso, não há problema; pode perguntar facilmente, pode escolher entre centenas de testemunhas..." Bem, era só isso o que eu queria frisar. Desculpem-me de novo...

Leitor pensativo — Não precisa pedir desculpas, pois o que falou vem ao caso. Mas, continuando a citar aquele trecho da Carta aos Coríntios, São Paulo, depois de mencionar diversas aparições, passa a falar de si mesmo: *E, por último de todos, apareceu também a mim, como a um abortivo. Porque sou o menor dos Apóstolos, e não sou digno de ser chamado apóstolo, porque persegui a Igreja de Deus...*

LEITOR COMPASSIVO — Toca fundo o coração ver até que ponto Paulo era humilde. Lembrava-se de que fora um perseguidor odiento, de quem Jesus teve misericórdia, e de que Cristo o escolheu sem mérito algum como Apóstolo. Não se sentia digno disso. Comparando-se com os outros Apóstolos, via-se a si mesmo como um *aborto*, como o mais indigno... Ele mesmo dirá que *Deus escolheu o que é fraco no mundo para confundir os fortes; e o que é vil e desprezível no mundo, como também aquelas coisas que nada são, para destruir as que são. Assim, nenhuma criatura se vangloriará diante de Deus.*

MODERADOR — É mesmo. E é interessante ter presente a sua declaração sincera de ser *nada*, o *último*, para avaliar melhor o que diz a seguir, após aquelas palavras: *não sou digno de ser chamado apóstolo.* Textualmente, afirma: *Mas, pela graça de Deus, sou o que sou, e a graça que Ele me deu não tem sido inútil. Ao contrário, tenho trabalhado mais do que todos eles; não eu, mas a graça de Deus que está comigo.* Não parece que agora, de repente, Paulo fica orgulhoso, convencido e arrogante, ao dizer: *Tenho trabalhado mais do que todos eles,* do que todos os Apóstolos...? Que acontece aqui?

LEITOR FELIZ — Não, não era orgulhoso! Porque a humildade é a verdade — como gostava de lembrar Santa Teresa de Ávila —, e São Paulo não se gaba de nada. Está feliz por poder louvar a Deus, que, com a sua *graça* o tornou, mesmo sendo o menor, capaz de trabalhar por Cristo com uma eficácia inexplicável, enorme. Ele agradece, comovido, e sabe bem que tudo é puro dom de Deus: *Pela graça de Deus sou o que sou... Tenho trabalhado..., não eu, mas a graça de Deus comigo.* Fica bem claro.

MODERADOR — É ótimo perceber que, com isso, fala de um esplêndido *paradoxo,* fundamental na vida cristã, ainda que pareça um contrassenso. O paradoxo é que, ao mesmo tempo que — com muita humildade — devemos considerar-nos incapazes de *nada,* devemos nos esforçar e trabalhar como quem é capaz de *tudo,* porque confiamos na graça que Deus nos dá.

Toda a vida cristã — toda a santidade — consiste em saber conjugar a graça de Deus e a nossa correspondência, a humildade com a esperança.

LEITOR COMPASSIVO — Realmente, nada poderíamos fazer de bom sem a graça de Deus. O próprio Jesus nos disse isso, usando da comparação da videira e das varas que, só unidas à videira, dão fruto: *Quem permanecer em mim e eu nele, esse dá muito fruto; porque sem mim nada podeis fazer;* nada que tenha valor aos olhos de Deus, nada que santifique, nada que valha para a vida eterna.

LEITOR PENSATIVO — São Paulo estava perfeitamente consciente disso. Por isso escrevia, ao falar da sua vocação de Apóstolo: *Deus fez brilhar a sua luz* [a luz da fé] *em nossos corações, para que irradiássemos o conhecimento do esplendor de Deus, que se reflete na face de Cristo* [para que déssemos a conhecer a luz da verdade de Cristo]. *Porém* — continua —, *temos este tesouro em vasos de barro, para que transpareça claramente que este poder extraordinário* [o poder do Apóstolo, que acompanha a pregação com milagres] *vem de Deus e não de nós.* Sem a graça, Paulo sabe que não tem nada, não pode nada e não é nada. Isto ele sentiu de maneira muito especial num momento dramático da vida. Não foi assim?

LEITOR COMPASSIVO — Sim. O pobre Paulo, sofredor, quase se desesperou. Ele mesmo conta que, a par de muitas graças de Deus, teve também muitas limitações, dificuldades e sofrimentos. Especialmente o fez sofrer um tipo de fraqueza física ou de doença, que nós não conhecemos exatamente, mas que a ele apavorava, porque achava que ia impedi-lo de continuar a trabalhar no apostolado. Como sofria! Era um desespero! Comparava esse mal a *um anjo de Satanás, que me esbofeteia, para me livrar do perigo da vaidade.* E dizia: *Três vezes roguei ao Senhor que o apartasse de mim. Mas Ele me disse: "Basta-te a minha graça, porque é na fraqueza que se revela totalmente a minha força"... Portanto, prefiro gloriar-me nas minhas fraquezas, para que habite em mim a força de Cristo.*

MODERADOR — Bem claramente se vê sua consciência de que, sem a graça de Deus, não podia nada de nada. Sentia-se um zero absoluto. Mas, então, que fazia? Será que ficava passivo, esperando que a graça de Deus descesse do Céu sobre ele? Não! Fazia duas coisas, que todos os cristãos devemos fazer. Primeira: *procurava constantemente a graça* em suas fontes. Segunda: *lutava* com todas as suas energias para *corresponder* às graças que Deus lhe concedia. É muito bonito e ilustrativo recordar algumas das recomendações que fazia aos seus discípulos, porque refletem o que acabamos de ver...

LEITOR PENSATIVO — Numa das suas primeiras cartas, dizia aos tessalonicenses: *Vivei sempre contentes. Orai sem interrupção... Orai também por nós.* Sentia a necessidade da oração constante, sem pausas, lembrando-se de que Deus vincula muitas das suas graças à oração — *Pedi e recebereis!* —, e que o próprio Cristo tinha insistido na necessidade de *orar sempre e não desfalecer.* Também dizia aos filipenses: *Não vos inquieteis com coisa alguma! Em todas as circunstâncias apresentai a Deus as vossas preocupações, mediante a oração, as súplicas e a ação de graças*. E, aos romanos: *Sede alegres na esperança, pacientes na tribulação e perseverantes na oração*. Tinha a certeza de que, com a oração, tudo se alcança de Deus, tudo o que nos é necessário para vivermos como bons filhos de Deus e para superar o que nos quer afastar dessa vida santa.

Leitor compassivo — Na mesma Carta aos Romanos, Paulo usa uma expressão muito sugestiva. Compara a oração a uma grande arma de combate: *Rogo-vos, irmãos, em nome de nosso Senhor Jesus Cristo e do amor que é dado pelo Espírito Santo, combatei comigo, dirigindo as vossas orações a Deus por mim*. O Catecismo da Igreja pode falar, por isso, do "combate da oração".

Leitor pensativo — É que a oração é tão importante, tão fundamental, que Santo Afonso Maria de Ligório chegava a dizer: *Quem reza certamente se salva; quem não reza certamente se condena*.

Leitor compassivo — Mas há mais. Também São Paulo afirma, de uma maneira impressionante, que os que desprezam a graça da Comunhão, por tratarem com desprezo a Eucaristia, por comungarem mal, ficam doentes espiritualmente e morrem: *Esta é a razão por que entre vós há muitos adoentados e fracos, e muitos mortos.* Lembrava-se muito bem de que Jesus afirmara taxativamente, falando da Eucaristia, do *pão vivo*: *Este é o pão que desceu do céu... Quem come deste pão viverá eternamente*, e *Se não comerdes a carne do Filho do Homem... não tereis a vida em vós mesmos.*

Leitor pensativo — E é importante recordar, creio, outras palavras de Paulo ao falar dos que comungam mal: *Que cada um se examine a si mesmo, e assim coma deste pão e beba deste cálice. Aquele que o come e o bebe indignamente, sem distinguir o Corpo do Senhor, come e bebe a sua própria condenação.* É forte! Mas a Igreja sempre fez eco a essas palavras tão sérias: *Examine-se cada um a si mesmo...* E, se reconhecer que está afastado de Deus por algum pecado mais grave, pecado mortal, procure confessar-se quanto antes e, sem dúvida, antes de comungar.

MODERADOR — Sim. Para viver bem a vida dos filhos de Deus, precisamos absolutamente da graça divina — da graça do Espírito Santo — que conseguimos por meio dos sacramentos, especialmente a Penitência e a Eucaristia, e da oração, e do amor a Deus com que fazemos as coisas. Essas são as três grandes *fontes da graça*: os sacramentos, a eficácia impetratória da oração e o mérito sobrenatural das boas obras feitas no amor de Deus. Já sabemos, portanto, da necessidade da graça. Mas está faltando o segundo "polo" do paradoxo de que falávamos: a necessidade de *lutarmos* sinceramente para corresponder à graça que Deus nos dá.

LEITOR FELIZ — Sobre esta segunda "necessidade" — a necessidade de lutar, depois de rezar —, São Paulo é mestre, e mestre genial. Estão lembrados de que, no começo, líamos o que ele dizia, após considerar-se nada: *Mas, pela graça de Deus sou o que sou, e a graça que Ele me deu não tem sido inútil.*

Ao contrário, tenho trabalhado — tenho lutado — *mais do que todos eles*. Esse homem de garra fala sempre da luta do cristão como um desafio otimista, como de uma competição atlética ou esportiva. Como nos faz bem lembrar-nos disso, e decidir-nos também nós a ser "lutadores" — no esforço por melhorar —, cheios de otimismo e espírito esportivo. Não vemos que é assim que se manifesta a nossa esperança na graça de Deus? Se não tivéssemos essa confiança na ajuda de Deus, não lutaríamos, largaríamos tudo.

MODERADOR — Vamos meditar brevemente num par de trechos dos mais "esportivos" de São Paulo. Podemos começar com aquele que fala do estádio olímpico.

LEITOR PENSATIVO — Nessa ocasião, São Paulo escreve aos coríntios (que, por sinal, lhe deram muito trabalho), e diz-lhes: *Nas corridas de um estádio, todos correm, mas bem sabeis que um só recebe o prêmio. Correi, pois, de tal maneira que o alcanceis... Assim corro eu, mas não sem rumo certo. Dou golpes* [aqui pensa nos pugilistas], *mas não no ar...*

LEITOR FELIZ — Quantas sugestões não contêm essas palavras! Não é verdade que, muitas vezes, nos sentimos espiritualmente parados, estagnados? Os nossos defeitos, em vez de diminuir, parece que aumentam. Não falo agora dos que se despreocupam da perfeição cristã e só querem saber da "boa vida". Estou pensando em gente que tem fé, que tem amor a Deus, e que desejaria melhorar. No entanto, apesar da boa vontade, percebe que não avança nem um milímetro; pelo contrário, parece que a cada dia recua mais. E assim passam os anos, e aumenta o desânimo. E a esperança, que é dela? Parece que não existe. E eu digo: Como pode existir se *rezamos* pouco, e *não lutamos* esportivamente, a sério, como os atletas no estádio?

LEITOR PENSATIVO — É verdade. Poucos podem dizer que, para ganhar mais fé, mais paciência, mais compreensão, mais ordem, mais formação, mais constância, mais generosidade com o próximo, mais qualidade e profundidade na oração e no trabalho..., poucos podem dizer — insisto —

que fazem o que diz São Paulo, que lutam com a garra de um campeão no estádio olímpico. Para isso, precisariam ter metas concretas de oração e de luta, e não só boa vontade e bons sentimentos. Deveriam determinar-se e dizer: "Eu me proponho isto, a partir de amanhã: aquela oração, aquele esforço, e aquela mudança de atitude; não quero ficar dando *golpes no ar* (muito sentimento, muitas palavras vãs e pouco sacrifício)". Deveriam evitar, além disso, *correr sem rumo* — ou seja, deveriam procurar ter uma orientação, uma direção espiritual que lhes facilitasse traçar roteiros, que acompanhasse a aceleração da sua "corrida" e os ajudasse a retificar e a aprender com os erros, como faz o treinador com os atletas... Sim. Quantos há que possam dizer que fazem o que Paulo recomenda? Poucos. Muito poucos. Somos comodistas! Não gostamos dos nossos defeitos, mas conformamo-nos com eles. Não lutamos como Paulo pedia a Timóteo: *Combate o bom combate da fé, conquista a vida eterna!... Nenhum atleta será coroado, se não tiver lutado segundo as regras...*

LEITOR FELIZ — Paulo pedia isso a Timóteo e a todos, porque ele o fazia. É tocante a sua "confissão" na Carta aos Filipenses. Depois de falar das suas *ânsias* de conhecer mais e mais a Cristo e de experimentar *o poder da sua ressurreição*, diz que luta para *conquistar Cristo*, e explica como é essa luta: *Não pretendo dizer que já alcancei esta meta e que cheguei à perfeição. Não. Mas empenho-me em conquistá-la, uma vez que também eu fui conquistado por Jesus Cristo. Consciente de não tê-la ainda conquistado, só procuro isto: prescindindo do passado e atirando-me ao que resta para a frente, persigo o alvo, rumo ao prêmio celeste, ao qual Deus me chama em Jesus Cristo.*

MODERADOR — Bastaria meditarmos devagar sobre essas palavras para perceber que nelas temos um magnífico programa de luta — de vida — cristã. Um programa que poderíamos resumir assim: Se confiarmos na graça de Deus — que é o auxílio do Espírito Santo —, nunca iremos sentir-nos "satisfeitos" (*"não pretendo ter alcançado a meta"*); nunca iremos parar de nos propormos novas metas de melhora (*"olhando para a frente"*); nunca iremos olhar com desânimo para os nossos fracassos e erros, já perdoados por Deus (*"esquecendo o que fica para trás"*), mas continuaremos a esforçar-nos com alegria e otimismo renovados em cada instante (*"atirando-me ao que resta para a frente"*).

LEITOR FELIZ — Como animam essas palavras! Basta meditá-las um pouco para nos sentirmos dispostos a não abandonar a luta — as batalhas que Deus nos pede — por nada no mundo.

MODERADOR — Deus faça que estas reflexões nos deixem com sede de aprofundar mais e mais nas riquezas inesgotáveis do Novo Testamento, que desenham com traços tão extraordinários o roteiro da nossa vida cristã. Peçamos ao Espírito Santo que introduza em nosso coração todas essas palavras do Apóstolo Paulo, de modo que se enraízem nas nossas almas, como sementes, e deem sempre frutos saborosos.

NONO SERÃO: A VIRGEM MARIA

(João 19, 26-27 e Atos 1, 12-14)

A Mãe da santa esperança

Moderador — Uma tradição muito antiga, que atravessou os séculos e ficou marcada em muitas obras de arte, afirma que a primeira aparição de Cristo ressuscitado foi à sua Mãe Santíssima. Não sei se vocês se lembram de algum desses quadros que representam Jesus ressuscitado aparecendo à sua Mãe. Às vezes, parecem-se um pouco com os quadros clássicos da Anunciação: Maria está sentada, serenamente recolhida, enquanto — com um brilho cálido nos olhos e um esboço de sorriso nos lábios — olha para seu filho Jesus, que, de pé, a contempla amorosamente. Nesta cena, alguns pintores representam Jesus ressuscitado segurando a haste de um fino estandarte, em que está estampada a Cruz, como símbolo do triunfo do Salvador no sacrifício divino da Cruz.

LEITOR FELIZ — É natural que Jesus, que ficava tão feliz — depois da ressurreição — fazendo dando surpresas e dando alegrias aos que amava (como estivemos vendo em todos os nossos serões), tivesse dado a precedência da alegria à sua Mãe. Não era ela quem mais a merecia? Ela, que acreditara firmemente desde o momento da Encarnação que aquele seu filho, que ao mesmo tempo era *o filho do Altíssimo*, seria — como o anjo Gabriel havia anunciado — o Messias descendente de Davi, que *reinaria eternamente e seu reino não teria fim*; ela, que se unira ao Redentor em todos os momentos da vida e especialmente na Paixão, oferecendo a sua imensa dor juntamente com o sacrifício do Filho; ela que ouvira sair dos lábios murchos de Jesus agonizante sobre a Cruz aquela "nomeação" como Mãe dos discípulos, Mãe de todos os homens: *Mulher, eis aí teu filho*...; ela certamente merecia ter as primícias do júbilo da ressurreição. E é o que Jesus ressuscitado lhe deve ter dado, sem dúvida, como atesta a tradição.

Leitor compassivo — É muito bonito pensar que naqueles momentos de escuridão quase total que envolvia os discípulos logo após a morte e o sepultamento de Jesus, a única luz de esperança que não se apagou, que continuou a brilhar, foi o coração de Maria. Pobre coração *atravessado por uma espada de dor*, como profetizara Simeão quando Jesus era menino! Sim, o coração de Maria, depois da morte de Jesus, era uma lamparina de dor, mas nela ardia a chama da santa esperança. Ela foi a única que acreditou, a única que, no silêncio do sábado santo, esperou na *ressurreição ao terceiro dia*...

Moderador — Certamente, ela viveu e encarnou a esperança como ninguém. Movida pelo Espírito Santo, Santa Isabel louvou-a assim no dia da Visitação: *Feliz a que acreditou, porque se cumprirão todas as coisas que lhe foram ditas da parte do Senhor.* Acreditou, e desse solo fecundo da fé brotou a esperança como uma planta viçosa, como uma fonte cristalina, como um diamante único, indestrutível. Por isso a Igreja a chama *Mãe da santa esperança*, e por isso nós a invocamos como *Mãe de misericórdia, vida, doçura e esperança nossa*... Não são apenas belas palavras. Têm um conteúdo profundo. Descrevem a missão que Jesus lhe confiou em relação aos seus irmãos — a nós, que somos todos filhos de Maria.

Leitor pensativo — Quando Jesus nos deu Maria como Mãe, no momento solene da agonia na Cruz, quis garantir-nos a esperança. É verdade que a nossa esperança deve estar, toda ela, colocada em Deus. Deus, e só Deus, é o motivo e a fonte radical da esperança. Mas Ele deu-nos uma Mãe — a sua Mãe — para que, com o calor de seu coração, nos ensinasse a confiar; para que estendesse a mão a estas pobres crianças que somos, para que as guiasse e as conduzisse ao mundo maravilhoso da esperança.

LEITOR COMPASSIVO — Vocês sabem qual é uma das orações mais antigas dirigidas a Nossa Senhora? É aquela que ainda hoje os católicos piedosos sabem de cor: "À vossa proteção nos acolhemos, Santa Mãe de Deus, não desprezeis as súplicas que em nossas necessidades vos dirigimos, mas livrai-nos sempre de todos os perigos, ó Virgem gloriosa e bendita. Rogai por nós, santa Mãe de Deus, para que sejamos dignos das promessas de Cristo". É uma expressão da confiança filial em Maria que nos encaminha para a esperança total em Deus.

MODERADOR — Na verdade, o Espírito Santo — inspirador da Sagrada Escritura — deixou-nos motivos mais que suficientes para que aprendêssemos a confiar na "Esperança nossa". Bastaria lembrar a cena das bodas de Caná, na qual a petição de Maria — suave, discreta, sussurrada ao ouvido — obteve de Jesus o seu primeiro milagre, a transformação da água em vinho. Lembram-se?

LEITOR PENSATIVO — É claro. Naquela festa de casamento começou a faltar o vinho. Maria teve pena dos noivos. Aquilo podia estragar a singela alegria do banquete. Então falou com seu Filho: *Não têm vinho!* A resposta de Jesus pôde parecer um balde de água fria — *Mulher, isto nos compete a nós? A minha hora ainda não chegou* —, mas Maria não achou que fosse bem assim, e com toda a paz disse aos serventes: *Fazei tudo o que Ele vos disser...*; não precisou fazer mais. Jesus mandou, na hora, encher de água umas grandes talhas que lá estavam e depois indicou que fosse servido o seu conteúdo aos convidados: foi o melhor vinho da festa!

LEITOR FELIZ — É fantástico! Misteriosamente, Maria adiantou a hora dos milagres de Jesus. Graças a esse primeiro milagre, o Evangelho diz que Jesus *manifestou a sua glória e os seus discípulos creram nele.* E tudo pela solicitude de Maria, pela ternura do seu coração, que queria proteger a felicidade dos noivos! Se Jesus fez isso a pedido de Maria, o que não fará por nós? É como se Ele próprio nos estivesse dizendo: "Vocês veem? Confiem na Mãe! Eu a ouvirei sempre! Ela conseguirá tudo de mim!"

LEITOR PENSATIVO — Por isso, os santos e os bons teólogos a chamam a "onipotência suplicante", uma maneira hiperbólica — mas realista — de referir-se ao poder das súplicas de Maria diante de Jesus. São Bernardo, o "trovador da Virgem", gostava de compará-la ao aqueduto que recebe a água da fonte (a água da graça, da fonte que é Deus) e a faz chegar a nós, da mesma maneira que um aqueduto recolhia então a água das montanhas e a conduzia até os povoados. E assim dizia: "Recebendo a plenitude (da graça) da própria fonte do coração do Pai, no-la torna acessível... Com o mais íntimo, pois, da nossa alma, com todos os afetos do nosso coração e com todos os sentimentos e desejos da nossa vontade, veneremos Maria, porque esta é a vontade daquele Senhor que quis que tudo recebêssemos por Maria".

LEITOR COMPASSIVO — Que confiança..., e que consolo isto nos dá! Não é verdade que, às vezes, o que mais nos custa é esperar na misericórdia divina, porque vemos que não a merecemos, e que Deus, sendo justo, deveria castigar-nos, especialmente depois de tantos arrependimentos efêmeros, de tantas reincidências meio cínicas? E, no entanto, nem no pior dos casos devemos desesperar da misericórdia de Deus, mesmo que nos sintamos afundados — como o filho pródigo — na mais espessa, suja e viscosa lama do pecado. Nessa triste situação, ninguém como Maria para ajudar-nos a confiar na misericórdia de Deus. Ela é Mãe. Não tenhamos medo, por mais sujos e machucados que estejamos. Ela não deixará de propiciar um bom banho aos seus meninos. Ela nos guiará ao arrependimento, ela nos levará — se for preciso, pela orelha — à Confissão e, por fim, nos carregará no colo, limpos e felizes.

LEITOR PENSATIVO — "Se eu fosse leproso — escrevia São Josemaria Escrivá —, minha mãe me abraçaria. Sem medo nem repugnância alguma, beijar-me-ia as chagas. — Pois bem, e a Virgem Santíssima? Ao sentir que temos lepra, que estamos chagados, temos de gritar: Mãe! E a proteção de nossa Mãe é como um beijo nas feridas, que nos obtém a cura".

LEITOR FELIZ — A confiança em Nossa Senhora sempre foi tão grande entre os bons cristãos que alguns até "exageraram". Mas exageraram de uma maneira bonita, assim como se amplia um detalhe de uma flor belíssima, muito além do seu tamanho normal, para poder apreciá-la melhor. Não há "mentira" nisso! Estava pensando agora em uns versos do poeta da esperança, já citado num dos passados serões, Charles Péguy, que põe na boca de Deus Pai as seguintes palavras (deliciosamente "exageradas"):

Eu não vi no mundo — diz Deus — nada mais belo que uma criança que adormece fazendo a sua oração (...). [o poeta estende-se, em versos belíssimos, falando da maravilha que é a criança que dorme rezando, e aí nenhuma das coisas bonitas que diz é exagero.]

Nada é tão belo! — continua a dizer Deus — E este é mesmo um ponto em que a Virgem Santa está de acordo comigo. Lá em cima (no Céu).

Inclusive, posso dizer que este é o único ponto em que estamos plenamente de acordo. Pois geralmente os nossos pareceres são contrários.

Porque ela está do lado da misericórdia,

E eu..., bem, é preciso que eu esteja do lado da justiça.

MODERADOR — Fazem sorrir estes versos, mas são "verdadeiros" pelo sentimento de confiança em Maria que transmitem. Junto dela, só um cego espiritual, um tolo... ou um demônio, podem perder a esperança.

LEITOR PENSATIVO — E foi assim, realmente, que o entenderam os cristãos desde o começo. Não podemos esquecer o que nos mostra a Sagrada Escritura, nos Atos dos Apóstolos, logo depois da Ascensão do Senhor. Jesus tinha-se despedido recomendando aos seus que permanecessem em Jerusalém, *até que sejais revestidos da força do Alto*, ou seja, até a vinda do Espírito Santo, no dia de Pentecostes. Pois bem, no livro dos Atos diz-se que todos —

os Apóstolos, os discípulos, as santas mulheres — obedeceram, e se reuniram durante dez dias no Cenáculo, *com Maria, a Mãe de Jesus*. Lá, junto dela, como uma família apinhada em torno da mãe, *perseveravam unanimemente na oração*. Junto de Nossa Senhora, tornava-se fácil cumprir o que Jesus mandara. É sempre assim! A única coisa que ela nos pede é o que pediu aos serventes de Caná: *Fazei tudo o que Ele vos disser*. E ela fica junto de nós para nos ajudar a cumpri-lo.

LEITOR FELIZ — Por isso, uma vida espiritual impregnada de devoção a Nossa Senhora é uma vida espiritual sadia, voltada inteiramente para o cumprimento da Vontade de Deus. "Antes, sozinho, não podias... — dizia monsenhor Escrivá. — Agora, recorreste à Senhora, e, com Ela, que fácil!" É uma experiência universal na história do cristianismo. Gosto de recordar uns versos que, segundo muitos dos maiores escritores, são o ponto mais alto da poesia de toda a história da humanidade: o canto trinta e três do "Paraíso", da *Divina Comédia* de Dante, que começa com uma oração de São Bernardo à Virgem Maria — uma oração que, entre outras coisas, diz:

Ó Virgem mãe, filha do teu Filho,

humilde e alta mais que criatura alguma, termo imutável dos desígnios divinos [...]

... Cá no Céu, tu és para nós sol radiante de amor; e em baixo, entre os mortais, és uma fonte viva de esperança.

Senhora, és tão grande e tanto podes, que quem quer graça e a ti não recorre o seu desejo quer voar sem asas. [...]

...Em ti, misericórdia; em ti, piedade, em ti magnificência, em ti se junta quanto há nas criaturas de bondade....

A tradução é minha. Não reparem. Mas a ideia — mesmo traduzida sem rigor — é maravilhosa.

LEITOR COMPASSIVO — Ao lado do grande poeta, gostaria de citar algumas palavras anônimas que alguém rabiscou num manuscrito medieval, falando das rosas que compõem o "rosário" de Maria: "Quando a bela rosa Maria começa a florescer, o inverno das nossas tribulações se desvanece e o verão da eterna alegria começa a brilhar". É simples, popular, mas é muito bonito!

MODERADOR — Talvez seja bonito por ser popular. Dante também tinha o coração do povo: uma fé fantástica e um amor comovente a Maria. Aliás, a nossa confiança em Maria não só deve ser simples — como a fé do povo mais simples —, mas deve adquirir a pureza e a singeleza total da infância. Eu me atreveria a dizer que a nossa confiança só será perfeita quando, como Jesus nos pede, *nos transformarmos e nos fizermos como crianças.*

LEITOR FELIZ — Mais uma vez vou pedir licença para evocar boas lembranças. Posso?

MODERADOR — À vontade. Essas lembranças nos ajudam muito.

LEITOR FELIZ — Trata-se de um pequeno episódio da vida de um padre de aldeia, de dois metros de altura, ossudo e desengonçado como um Dom Camilo de Guareschi, que me contaram há tempos, pois eu não o conheci. Na época do Natal, seguindo o costume da sua terra, preparava-se para receber algum presente trazido na corcunda dos camelos pelos Reis Magos. Nessa ocasião, de acordo com um sistema do tipo do "amigo secreto", os "reis magos" seriam um grupo de colegas, padres como ele. Cada um escreveria uma carta aos Reis, fazendo o pedido. O nosso Dom Camilo (que se chamava Pedro) escreveu esta:

Meus caros Reis Magos:

Muito embora sempre vos tenha amado e pedido favores, especialmente quando fazeis a vossa visita à terra, não vos tinha escrito desde faz, se bem me lembro, uns trinta anos. Eu era então um garoto com muitos sonhos na cabeça, que se foram apagando com o decorrer do tempo. Mas agora acontece que, graças a Deus, torno a sonhar, muito embora os sonhos sejam, naturalmente, diferentes dos que tinha então. O meu desejo atual é o de tornar a ser criança, apesar da minha respeitável estatura, para assim conseguir de vós quanto deseja e precisa meu coração de menino. Sim, o que para mim eu quero é isto: que me alcanceis a infância espiritual, para que sempre possa caminhar agarrado à mão de Deus; pois provavelmente vos seria meio difícil conceder-me a infância corporal. A Providência divina fez-me também pai de umas boas centenas de almas, que amo entranhadamente, e para as quais vos peço muita saúde espiritual, visto que há muitas que estão doentes. Com a certeza de que me haveis de conceder o que vos peço, beijo as vossas mãos benfazejas.

Que carta, não? O que é que vocês acham que os Reis Magos lhe deram de presente?

Leitor compassivo — Não sei!

LEITOR FELIZ — Uma imagem de Nossa Senhora, linda de morrer, com um olhar de mãe, com um sorriso cálido de mãe, que fazia com que qualquer um se sentisse, perto dela, uma criança amparada, totalmente aconchegada...

MODERADOR — História puxa história. Agora vem a minha. Não é isso que se faz num serão? Então escutem. Um dos maiores poetas do século XX foi Paul Claudel, um diplomata francês que se converteu ao catolicismo, por graça de Nossa Senhora, certa vez em que assistia — sem fé — a uma Missa natalina na catedral de Notre-Dame de Paris. Maria tocou-lhe o coração, alcançando-lhe do Espírito Santo a graça da conversão, e o meteu para sempre no coração de seu Filho Jesus. Claudel tornou-se um grande católico e foi um dos maiores poetas e dramaturgos do seu século. A graça da sua conversão ficou-lhe tão gravada na alma que, sempre que podia, dava uma passada por Notre-Dame, entrava na catedral e ficava a olhar para a imagem da Senhora, da Mãe que o salvara. Ele mesmo, num dos seus poemas, descreve qual era, nessas ocasiões, a sua oração. Também peço desculpas se a tradução — ainda que não seja minha — desbota um pouquinho o colorido do original:

É meio-dia. Vejo a igreja aberta. É preciso entrar.

Mãe de Jesus Cristo, não venho rezar.

Nada tenho a oferecer e nada a pedir.

Mãe, venho apenas olhar para ti.

Olhar para ti, chorar de alegria, recordar que sou teu filho e que tu estás aqui.

Apenas um instante, enquanto tudo para.

Meio-dia!

Estar contigo, Maria, neste lugar onde tu estás.

Nada dizer, olhar para o teu rosto,

Deixar o coração cantar em sua própria linguagem [...]

... porque tu és a Mãe de Jesus Cristo,
que é a verdade entre os teus braços
e a única esperança... [...]

Porque estás aqui para sempre, simplesmente porque tu és Maria, simplesmente porque existes,

Mãe de Jesus Cristo, nós te agradecemos!

LEITOR FELIZ — Grande! Bonito! Isto é que é a verdadeira devoção a Maria. Isto é o que devemos colocar em cada Ave Maria, em cada terço, em cada Salve Rainha, em cada oração silenciosa, em cada jaculatória da ladainha, em cada olhar e em cada suspiro filial...

MODERADOR — E exatamente isto pode ser a melhor conclusão deste nosso último serão. Terminemos agradecendo à Mãe que Jesus nos deu, porque — com ela — é impossível perder a esperança. Porque ela é a Mãe do Salvador, que é, de pleno direto, "a minha mãe". Porque ela é — como acabamos de ouvir do poeta — a Mãe de Jesus Cristo, que é a verdade entre seus braços e a *única esperança.* Sim. Santa Maria, esperança nossa, Santa Maria, vida, doçura e esperança nossa — rogai por nós, pecadores, agora e na hora da nossa morte.

Amém.

Direção geral
Renata Ferlin Sugai

Direção editorial
Hugo Langone

Produção editorial
Juliana Amato
Ronaldo Vasconcelos
Daniel Araújo

Capa
Provazi Design

Diagramação
Sérgio Ramalho

ESTE LIVRO ACABOU DE SE IMPRIMIR
A 08 DE ABRIL DE 2025,
EM PAPEL OFFSET 75 g/m².